基于比较的
汉语教学法

王占华　著

朋友書店

積極的に比較しよう
（代前言）

　「比較」は，我々が世界を認知するための重要な方法である。自然界の様々な物事，周囲の環境，新しい知識などに触れたり，またそれらを認識したりする際に，一刻たりとも「比較」が欠かせないと言っても過言ではないだろう。

　例えば，朝，ドアを開け庭に出ようとしたとき，微風がそっと顔を掠め，思わず「あ，今日は涼しいなあ。」と口にした経験がどなたにでもあるのではなかろうか。また，レストランで食事をしていると，自分と同じ定食を注文した隣のテーブルの人が，真っ先に味噌汁を一気に飲み干してからご飯を口にする様子を見て「順番が違う。ご飯が先だ。」と心の中で呟いたことがある人もいるだろう。

　上の1例目では，比較すべき対象が目の前に実在しない，或いは確定できないといった漠然とした状況であるものの，やはり「ある日」と比べない限り「今日は涼しい。」といった判断は成立しないものである。2例目の比較対象は「自分」である。

　言語の習得も上記の事例に似ており，そのプロセスに一貫して「比較」が存在していると考えられる。赤ちゃんがアーアーと言葉をまね覚える段階で比較という思考があるかどうかは定かではないが，複数の言い方を身につけた時点から，彼（彼女）らは「これ」と「あれ」の相違を認識（比較）しているものと推測できる。なぜなら，赤ちゃんが母親に対し異なる要求する際，同じ音を発しないからだ。また，有名な言語学者趙元任氏は，著書の中で以下のような「珍談」を披露している。ある日彼が北京の街を散歩していると，お婆さんたちが井戸端会議で外国人の言葉について話しているのを耳にした。あるお婆さん曰く「外人さんとはおかしなものだね。どう見たって"水"なのに，それを指して"窝头"と言うんだからね。」語学研究者風に表現すれば，「お婆さん達は中英両言語の発音を対照し，その類似点を見出した」，といったところであろうか。

　比較とはこのように"无时不在，无处不有"であるため，当然ながら外国語の習得及び教育において重要視される。伝統的な「翻訳法（translation method）」や，19世紀30年代より70年代前半まで旧ソビエトをはじめ中国においても君臨していた「自覚対比法（conscious-comparative method）」などは，学習者の母語と対象語との比較を基礎とする代表的な外国語教育法である。どれも母語を利用し，文法規則を中心とし外国語と比較しながら講義を進めるという手法が特徴であり，人間の認知規律に相応しい教育法であるが，しかしその一方で，学習者の母語で外国語を説明するという歴史的に定着した教育パターンと，大人学習者の外国語の実践に対する「回避心理」とも相性がよいため，自然と「視覚の外国語教育」となってしまった。昨今においては，マルチメディアの進歩，ネイティブ教師の増加や現地留学の利便化に伴い，母語を利用しない「直接法 direct method」，「耳」と「口」を主役とした「聴説法 audio-lingual approach」，「意志表現」を大綱とする「功能法 functional approach」などが圧倒的に優勢となり，「対比・比較」を提唱する人が少なくなっている。それどころか，「効果なし」「時代遅れ」といった非難の声が高まっているほどである。

　しかしながら，どれほど軽視或いは無視されたとしても，教える側と学ぶ側の頭の中で行われる「比較」は消え去ることはない。ただ，現代の風潮は，意識的に比較を行う学習者とそれを鼓舞する教師，教材の減少といった現実に少なからず影響を与えている。

　「世間万事，過猶不及」。拙論では，母語との比較は大人における外国語学習の「ブラックボックス」であり，どのような教育法・学習法であっても，それの動きを抑えるよりも，寧ろ積極的に意識的な「比較」をさせ，また比較の結果としての見出した異同点ついて分析させる方が賢明であると提唱する。他の方法を否定するつもり一切ないが，こういった「意識的比較」を合わせて実施することがより有意義かつ効率的な学習に繋がるものと思料する。

　一例として，かなりハイレベルな中国語学習者の"信用卡"の"卡"の発音が「keǎ」のように聞こえることがある。この原因は、日本語と中国語の基本的な「発音単位」を比較してみると一目瞭然となる。子音自体は全て無声音であるため、教育上の便宜により、両言語ともそれぞれの子音の後ろに母音を付け、発音を練習させる。日本語は音節単位で「ka ki ku 〜kyo」のように、子音「k」と母音とのすべての組み合わせる音節を五十音図の「か行」で提示するのに対し、中国語は音素単位なので、単に「ke」のみを用い、音素「k」の発音を教える。よって、"卡"を発音する際、五十音図式ではなく、「ke」の「e」を完全に取り去り、改めて「a」と組み合わせ、「kǎ」つまり「か」と同じように発音するべきである。このような比較による「切り離し」意識と行動がなければ、"卡"だけでなく、すべての子音を発音する際に苦しく感じる。

　小職はかつて、"最近几天有点儿冷，（　　　　）。"といった穴埋め式練習問題を日本人学生と台湾からの留学生に提示したことがある。これについて、日本人学生の多くが"我感冒了"との回答に対し、留学生たちは"注意別感冒。"とも埋めた。これは、日本語の「最近」が過去のことを表すのに対し、中国語の"最近"は近い未来も指すことに起因している。このように、できだけ多くの同形語を実例で比較していくとそれぞれの用法を把握しやすくなるだろう。

　また、比較という方法は、上述のような「発見」に留まらず、その結果に対し「なぜ異なるのか」という疑問を抱き、それについて自分なりの推測・まとめを導き出す過程を経ることにより、更に効果的な学習成果を挙げられると思われる。

　中国語学習者は、語順について悩まれる方が多い。先日、友人から今年初物の立派なリンゴを戴いた。学生諸君に、『『今年』『大きい』『赤い』『二つ』『私の』『青森産』6つの連体修飾語を用いて『リンゴ』を修飾する日中両語のフレーズを作り、それら修飾語の語順の原則を説明しなさい』という課題を出した。"两个红大青森产今年我的苹果"などの"五花八门"の試行錯誤を経て、"我的两个今年青森产的大红苹果"という正解に辿り着いた。また、学生から「中国語の連体修飾語には『領有』『数量』『時間』『来源』『特徴』『性質』という順位があるが，日本語には明確な順位がない」といった帰納もでき，皆が「比較」の楽しさを味わったようである。(『中国語の環』第 92 号)

附记

　　伴随研究生院设置科目的改革，我在担任「中国语语法研究」的同时，也担任了「中国语教授法研究」。作为这个课的讲义，陆续整理了多年来在汉语二语教学中的一些体会和教法。此后的几年，在和一些已经走上大学的汉语教学讲坛的研究生们交流时，他们建议最好能把那些讲义整理一下，归纳出一个成型的东西。这次得到北九州市立大学的研究资助，就着手了这一工作。开始设想以语音、语法、表现为主，做一个较为全面的概括总结，但动笔之后，才知道并非易事，初稿追求面面俱到，写成了类似教科书＋教师用参考资料的形式，觉得没什么价值。第二稿从自己一贯主张的"比较法"出发，只保留了与比较有关的部分，结果无甚新鲜内容，且又不成体系。姑且作为一得之见刊出，求得批评指正。书中的一些观点，来自先行研究或学会等的交流，记忆确凿者收入了参考文献，一定还有很多遗漏，恳请各位原谅。

　　2013 年为日本中国语检定协会的『中国语の环』写了一篇随笔，因和本书的主张基本一致，容作为代前言。

　　蒙北九州市立大学 2014 年度的出版资助，我出版了《语义蕴涵与句法结构及话语理解》，今年又得资助，在此深表谢意。(2017 年 3 月)

目 录

第1章 二语教学法的两大体系和"比较法" 1
  1.1 概述 1
  1.2 翻译法 1
  1.3 直接法 3
  1.4 两大教学法的评价 7
  1.5 "比较法"概述 8
  1.6 比较法的实施程序 9
  1.7 比较法的适用范围 10

第2章 汉语概说 11
  2.1 语言体系的构成以及汉日语的综合比较 11
  2.2 文字体系的比较 11
  2.3 语音体系的比较 13
  2.4 词汇体系的比较 16
  2.5 语法体系的比较 18
  2.6 表现方式的比较 19
  2.7 小结 21

第3章 语音教学 22
  3.1 语音教学的目的和要求 22
  3.2 基本单元音(单韵母)教学 24
  3.3 第一阶段辅音(声母)教学 27
  3.4 声调教学 29
  3.5 第二阶段辅音(声母)教学 33
  3.6 复元音(韵母) 鼻元音(韵母)教学 42
  3.7 音变和儿化教学 43

第4章 语法教学 47
  4.1 语法教学的目的及本章的构成 47
  4.2 "A是B"=「AはBです」？ 47
  4.3 "有"是及物动词："有"和"在"的教学 49

- 4.4 汉日语名词的"数" 54
- 4.5 "的"的教学以及同「の」的比较 59
- 4.6 "了1"的教学以及和「～た」的比较 65
- 4.7 "着"的教学以及和「～ている」的比较 68
- 4.8 否定的性质与辖域 78
- 4.9 叙事起点与"把"字句的教学 83
- 4.10 从「食べ終わる」说起:补语的教学 89

5 附录　表现教学参考大纲 96
- 5.1 表现概说及本章的构成 96
- 5.2 打招呼 97
- 5.3 问候 97
- 5.4 寒暄 98
- 5.5 介绍 98
- 5.6 感谢 99
- 5.7 告别 99
- 5.8 送行 100
- 5.9 祝愿 100
- 5.10 祝贺 100
- 5.11 欢迎 101
- 5.12 邀请 101
- 5.13 约会 102
- 5.14 商量 102
- 5.15 馈赠 103
- 5.16 交涉 103
- 5.17 叙述 104
- 5.18 说明 104
- 5.19 描述 105
- 5.20 比较 105
- 5.21 评价 106

5.22 概括	107
5.23 通知	108
5.24 报告	108
5.25 转告、转述	108
5.26 解释	109
5.27 列举	110
5.28 纠正	110
5.29 询问	111
5.30 辨认、区分	117
5.31 排除	117
5.32 判断	118
5.33 推论	118
5.34 同意、赞成	119
5.35 反对、不赞成	119
5.36 否定	120
5.37 相信	121
5.38 不相信	121
5.39 怀疑	122
5.40 承认	123
5.41 否认	123
5.42 有能力/无能力	124
5.43 估计	124
5.44 必须/不必	125
5.45 知道/不知道	126
5.46 接受	126
5.47 拒绝	127
5.48 选择	128
5.49 表扬	128
5.50 批评	128

5.51 责备 129
5.52 质问 130
5.53 决定 131
5.54 保证 131
5.55 信任 / 不信任 131
5.56 服从 132
5.57 犹豫 133
5.58 听任 133
5.59 有把握 134
5.60 无把握 134
5.61 喜欢、爱 / 不喜欢 135
5.62 高兴 / 不高兴 136
5.63 愿意 / 不愿意 136
5.64 满意 / 不满意 137
5.65 称赞 137
5.66 后悔 138
5.67 希望 139
5.68 失望 139
5.69 担心 140
5.70 害怕 140
5.71 讨厌 141
5.72 抱怨 142
5.73 庆幸 142
5.74 意外 143
5.75 吃惊 143
5.76 奇怪 144
5.77 疑惑 145
5.78 顿悟 145
5.79 释然 146

- 5.80 无奈 ... 146
- 5.81 着急 ... 147
- 5.82 伤心 ... 147
- 5.83 道歉 ... 148
- 5.84 安慰 ... 148
- 5.85 关心 ... 149
- 5.86 同情 ... 150
- 5.87 原谅 ... 150
- 5.88 遗憾 ... 151
- 5.89 看不起、轻视 ... 151
- 5.90 不在乎 ... 151
- 5.91 劝告 ... 152
- 5.92 羡慕 ... 153
- 5.93 谦虚 ... 153
- 5.94 请求 ... 154
- 5.95 要求 ... 154
- 5.96 命令 ... 155
- 5.97 建议 ... 156
- 5.98 提醒 ... 156
- 5.99 制止、禁止 ... 157
- 5.100 催促 ... 158
- 5.101 警告 ... 158
- 5.102 委托 ... 159
- 5.103 开始话题 ... 159
- 5.104 引起注意 ... 160
- 5.105 引入话题 ... 160
- 5.106 改变话题 ... 161
- 5.107 请对方重复 ... 161
- 5.108 插话 ... 162

5.109 退出交谈.. 162
5.110 结束交谈.. 163
5.111 小结.. 163

参考文献

第1章 二语教学法的两大体系和"比较法"

1.1 概述

正如母语习得和外语习得有不同的方式和特点一样,第二语言教学也有着不同于母语教学的特点和规律。作为科学学科的二语教学法研究,应在总结归纳立足于不同的语言哲学、教育心理学的各种方法论体系的基础上,研究这些特点和规律在各种条件下的应用,从而指导二语教学。

自在中世纪的欧洲为适应拉丁语的教育的需要产生了翻译法(translation method)以后,各种不同的教学法流派不断涌现,其中影响较大的有直接法(direct method)、听说法(audio-lingual approach)、视听法(audio-visual approach)、功能法(functional approach)等。我们觉得,直接法以后产生的几种方法,尽管教学手段、利用媒介等各有特点,但理论基础与直接法大同小异,可视为直接法的补充与发展。因此,可以把它们纳入直接法的体系,合起来称为广义的直接法。

采取这样的看法,我们认为,到目前为止的二语教学法,可以粗略地分为翻译法和直接法两大体系。

1.2 翻译法 [1]

翻译法是最古老的二语教学法,其最根本的特点是用母语来教授外语,即用第一语言教授第二语言。在整个教学和习得过程中,教师和学习者始终要和两种语言(母语和对象语)打交道。翻译法的理论基础是机械语言学。机械语言学认为,一切语言起源于一种语言,同时还认为,语言与思维是同一的,人类的思维规律相同,各种语言的词汇所表达的概念、各种语言的语法规则也是相同的,不同的只是词的发音和书写形式而已,学习外语的主要任务就是学习这些不同的发音形式和书写形式。从这一理论出发,翻译法把逐词直译和逐句对译作为教学的基本内容。

翻译法又分古典翻译法和近代翻译法。古典翻译法包括语法翻译法、词汇翻译法和翻译比较法三个流派。

1.2.1 语法翻译法

语法翻译法认为学习语法是学习二语的基础，只有在理解语法的基础上才能阅读和翻译外语的原文。在教育和学习进程上，这一教学法主张先要求学习者背熟语法规则和例句，然后才能进行其他内容。语法翻译法的这种做法导致其忽视人们学习语言的渐进性，在学习者初识发音以后，就大量地引入语法规则，并主要凭借孤立的例句，而不是有前后连贯的上下文的文章进行不厌其烦地讲解（当然是使用母语的讲解）。由于讲授的例句只是负载语法规则的载体，而不是现实语言中具有交际功能的片段，因而在内容上缺乏趣味性。有时教师还故意将其无意义化、形式化，只讲解"A打了B，B被A打了，A把B打了"一类的抽象句。

1.2.2 词汇翻译法

词汇翻译法反对孤立地教授抽象的语法规则，主张利用内容连贯的课文进行教学。词汇翻译法的教学程序分为以下几个步骤：
1. 用母语介绍课文或课文的母语译文。
2. 逐词逐句地讲解、直译。
3. 教师逐句做标准翻译。
4. 领读课文。
5. 通过课文·纳语法规则。
6. 翻译练习。

和语法翻译法相比，词汇翻译法较为注重学习具体的言语材料，改变了那种为讲语法而讲语法的枯燥、单调的局面，增强了学习材料的趣味性，使学习者的记忆变得比较轻松，也使学生的阅读能力有所提高。词汇翻译法是借助连贯的词汇内容来讲授外语的，严格地说，它应该叫作"文章翻译法"。

1.2.3 翻译比较法

翻译比较法是根据历史比较语言学理论创立的。这一方法的核心是在教学中进行母语和外语的系统对比，讲授语法时注意内容的连贯性，同时还讲解有关的词源知识。翻译比较法还有不同于语法翻译法和词汇翻译法的另一个重要特点，就是强调语言知识必须和语言技巧相结合。翻译比较法非常重视背诵，认为背诵能使学习者熟记大量的语言材料，有助于培养运用语言的技巧。

翻译比较法提出了一些先进的外语教学思想，但这一方法的实施对教师和学习者的知识范围、语言理论的水平都有较高的要求，一般的学校难以做到，因此一直未能在二语教学界广泛地运用和传播。

1.2.4 近代翻译法

近代翻译法是二十世纪中叶在古典翻译法的基础上产生的。它总结了古典翻译法在长期使用中的经验和不足，提出了一些新的教学原则和方法。近代翻译法的教学原则主要有：

1. 语音、语法、词汇教学相结合的原则。即外语教学从语音开始，但要在单词、词组、句子中操练语音。语音阶段结束后，教学材料以课文为主，讲授内容以语法为主，同时兼顾语音的学习，巩固词汇教学。

2. 阅读领先、兼顾听说的原则。近代翻译法又称为译读法，培养阅读和翻译能力是教学的重点。教学顺序是从阅读开始，到阅读结束。听说的训练也要在阅读和翻译的基础上进行。

3. 以语法为主的原则。即课文的编排以语法为主线，每课都有几个语法项目，课文、句型都是为配合语法题目而选编的。

4. 依靠母语，对母语采用"先利用后排斥"的原则。这一原则认为，只有能把外语课文确切地译成母语时，才算真正理解了外语课文。所以，在讲解分析的过程中，处处都用母语，到学习的最后阶段，才要求抛开母语，直接阅读外语原文。

1.3 直接法

1.3.1 直接法的理论基础

直接法产生于十九世纪下半叶，是一种通过外语本身进行的会话、交谈和阅读（而不是通过母语的翻译）来教授外语的方法。青年语法学派的著名代表人物 H. paul 和现代实验心理学的奠基人 W. M. Wundt 为这一学说的建立提供了语言学和心理学的理论基础。H. Paul 在其代表作《语言历史诸原则》中首次提出了"类比"在语言中的重要作用的论断，成为直接法的模仿、替换的理论依据。W. M. Wundt 则认为"语言心理中起重要作用的，不是思惟，而是感觉。而最强有力的感觉又是由音响表象所引起的"。直接法的认为教授外语应"以口语为基础，以模仿为主，无须理论先行"等思想，无不基于此说。

J. A. Comerius、J. J. Rousseau 等教育家提出的"教育适应自然"的思想以及"实例先于规则、由近及远、由易到难、由具体到抽象、由简单到复杂、由事实到结论"等教学原理，也对直接法的形成产生了重大的影响。

从基本原理上看，直接法与翻译法是完全对立的。翻译法的基本原理是"成人学语论"，是从已经完全掌握了外语的人的角度通过演绎法对抽象出的若干条规则(主要是语法规则)加以传授。直接法的基本原理是"幼儿学语论"，是仿照从零开始学习语言的幼儿学习母语的过程，先让学生掌握实际的语言材料，然后从积累的材料中归纳出语法规则。

直接法之所以选择了这条与翻译法截然不同的道路，是经历过反复的实践和对比考察的。有名的直接法教学家之一，法国的 F. Gouin 就亲身尝试过两种方法的优劣。他是外语教员，自己学外语时用的是语法翻译法，教外语时仍沿用这一方法，但收效甚微。后来他亲赴德国，用语法翻译法去学德语。他用比较短的时间闭门读书，学完了全部德语语法，又背下了一本德语小词典，满以为自己已经学会了德语，可是出去与德国人交流时，却连十分简单的日常会话都听不懂、说不出。而在他去德国的不到一年的时间里，他原来不会说话的两岁的儿子却学会了一口流利的法语，日常生活上的话，几乎都能说，语音语调正确、自然，语法上也没有错误。事实使直接法教学家们相信，用幼儿学语的方法教外语要比用翻译法更为有效，从而开辟了这条新路。

1.3.2 直接法的基本原则

直接法有五条基本原则：

1. 直接联系的原则。直接法认为，幼儿每学习一个新词的同时，也学到了该词所代表的事物。词的意义与词的形式之间是一条直线。而翻译法总是要通过母语这个"中介"，人为地造成了"意义——母语词——外语词"或"外语词——母语词——意义"的两个间接的过程，这是导致外语学习少慢差费的主要根源。

如果在外语教学时以翻译为主，主要用母语讲解，学生听课时觉得明白易懂，但无形中也养成了"心译"的习惯，不能直接用外语思惟。如学汉语的日语母语者看到一张桌子，首先想到的是「机」，然后想到日语的「机」汉语说"桌子"。尽管这一过程在心里进行得相当迅速，但毕竟是绕了一个圈子。这样的结果，使学习者在使用二语的时候，永远也跟不上正常的交际速度。

直接联系的原则，就是抛开母语这一"拐杖"，让学生直接从外语中学习外语。早期直接法坚决反对母语进课堂，拒绝在一切情况下使用母语翻译。后期直接法对此做了重大修正，认为在以下四种情况下可以部分地使用母语。

(1) 说明发音部位和发音方法时。

(2) 讲解用外语和其他直观手段难以讲清的词语时。如讲解"大方、娇柔、不在乎、害臊、坦然、尴尬"一类词时。

(3) 讲解某些语法规则时。如"把"字句、"被"字句的规则等。

(4) 检查学生的理解情况时。如考试、测验时。

但这四种情况都是在讲的阶段，在练的阶段，还是绝对的单语(外语)练习。

2. 以模仿为主的原则。直接法认为，语言是一种习惯，学习外语就是养成一种新的习惯。学习外语是学习一种技能，而不是学习一门科学。养成一种习惯，学会一种技能，如同骑自行车和游泳一样，主要靠多模仿、多练习，而不是靠讲道理、背条文。模仿是幼儿学语的主要方式，外语学习也应以模仿、练习为主，语法规则的讲解、语言理论的传授在教学中应放在十分次要的地位。也就是说，二语教学的主要内容是练技能，而不是讲知识。这与翻译法的"只讲不练"或"讲多于练"是针锋相对的。

3. 句本位的原则。幼儿学语言，不是先学一个一个的元音、辅音，再学词和句子，也不是先学一个一个孤立的单词和语法规则，然后去拼凑句子，而是在交际环境中整句整句地学的。事实上，一些单词的发音，在进入句子后都要发生相应的语流音变，许多单词的具体意义和搭配习惯，也只有在句子中才能体现出来。因此，二语教学也应该整句教、整句学、整句用。学生学了一定数量的句子后,就会形成一种"二语语感",从而进行"类比、替换",构成新的句子。根据这一原则,直接法认为,专门教发音的阶段不宜过长,而应将其放到整个学习过程中去教。

4. 用归纳法教语法规则的原则。即让学生先掌握实际的语言材料,再从积累的语言材料中自然地总结出语法规则,而不是像翻译法那样,语法规则先行,再围绕语法规则演绎出有关的例句。要贯彻这一原则,在编写和选择教材时,就要注意它们的覆盖面和复现率,编写和选择大覆盖面和高复现率的教材。大覆盖面是指教材应包括适应该教学阶段的全部语法点并使这些语法点均匀地分散在各个部分,同时也能按语法点的难易程度,循序渐进地溶合在语言材料(课文和练习)中,还要避免语言材料出现时的跳跃性。

直接法的著名代表人物,英国的外语教育家 M. West 主张,教材中生词和新语法现象必须在熟词和熟语法现象中有计划地、小量地出现,两者的比例应是1:9或2:8。高复现率是指生词、新语言材料第一次出现以后还要有计划地多次重现,借以不断巩固 M. West 认为,高复现率是使学生掌握新语言材料的基本保证,生词第一次出现后,在当天的课文或练习里至少应复现三次。(据笔者所见,目前使用的汉语二语教材中能做到了这一点的不多)。

5. 以口语为基础的原则。即从学习日常口语入手,先掌握口头语言,再学习书写符号(文字)和书面语。幼儿学语是从学习说话开始的,这自不必说,就是书面语也不过是"我手写我口"而已。如果有了口语的基础,再学习书面语很容易,而走相反的路,却很难通过书面语学到地道的口语。依据这一原则,直接法虽然不主张专门的发音阶段过长,但却极其重视在整个教学过程中的发音和听力训练。最早提出直接法构想的先驱人物之一 V. W. Vietor 就认为,语法翻译法只重文字,只重书面语言,忽视口语,是本末倒置。语音是语言之本,学习外语而不会正确的发音,学不好外语,即使学了也没有口头交际的价值。

直接法还提出,教口语课的老师,最好是操所教语种的外国人,最有效的形式是师生对话。上课时说的最多的,应该是学生,而不是教师,老师只是"司仪"而已,学生才是主角儿。英国的心理学家 G. Gatlegno 把这一点推到极至,认为外语教学要培养学生的独立性、自治心和自信心,培养学生用完整的语调即席说语的能力。教师除了示范新的语音、词、句让学生模仿之外、没有必要说更多的话,更没有必要用学生的母语讲解,在教学中应完全以学生为中心,教从属于学。

1.4 两大教学法的评价

先行研究关于两种教学法的典型评价,可以概括为以下三点。

(1) 直接法是作为翻译法的对立面而产生的,它的出现,动摇了翻译法在外语教学中的统治地位,为人们认识外语教学的规律提供了新的思路。从理论上看,翻译法提出的学习二语的途径是"语言(1anguage)→言语(speech)→语言(1anguage)",亦即"抽象→具体→抽象"。直接法提出的途径则是"言语→语言→言语",即"具体→抽象→具体"。

(2) 翻译法重视理性教育,较为适应一般的成年人学习知识的特点,而直接法则重视感性教育,符合人们学习自然语言的规律。但由于学习二语的主要是大学生以上的成年人,学习其他学科的经验使他们误以为只有理性的学习才是真正的学习,而羞于进行感性的模仿。因此翻译法很容易被当作正统而自然地接受,直接法则往往被视为旁们左道而遭到排斥。

(3) 从实际效果上看,翻译法有助于传授语言知识,培养阅读、翻译能力,适于造就"懂"外语的人,但却不利于语言技能的培养,在训练听、说能力方面收效不大,难以造就"会"外语的人。直接法则相反,它有助于培养语言的技能,特别是培养听、说的技能,适于造就"会"外语的人,但在语言理论的传授、句法结构的分析方面却相见见绌,不及翻译法细致。培养出来的外语人才也有"只会不懂,知其然不知其所以然"的倾向。

这三点评价不能不说精当准确,切中要害,但我们认为,评价教育方法,不能只限于方法本身,还必须考虑到两个重要的客观因素,这就是教育上的有效性和可行性。

不折不扣地按照翻译法的要求和程序进行二语教学,或许可以实现这种方法所要求的目标,但是这一目标未必符合接受教育的学习者的期望,也不一定是大学二语教育所要实现的目标。换言之,对这种方法在教育上的效果需要慎重考虑。直接法把人们的学语过程等同于教育上的"教语方法",其中的很多理想化的成分,如果放在听其自然的漫长学语过程之中,或许能够发挥其作用,但是很难在受时间、教师、学习者等条件限制的大学二语教育中百分之百地实现。因此,要进行有效的便于实行的二语教学,还需摸索新的教学方法。

1.5 "比较法"概述

从教育的有效性和可行性出发,我们主张吸取翻译法和直接法的长处,采用"比较法"进行汉语二语教学。比较是人们认识世界,在已有知识和技能的基础上,学习新知识,掌握新技能的重要方法,也是学习掌握语言的重要方法。翻译法的式微和直接法的勃兴,导致了二语教育中限制乃至排斥对母语和对象语进行比较的思潮,极致的直接法甚至无视学习者已经熟练地掌握并运用母语的事实,在教学中刻意构置幼儿学语的原始环境,极力淡化、阻止母语在外语学习中的中介作用。但是树欲静而风不止,事实证明,人为地限制成年人在二语学习中使用母语,既难以做到,也无必要。与其限制,不如积极地使用,使其充分发挥作为思维工具和学习工具的作用。

在二语教学的研究史上,美国语言学家罗伯特·拉多曾于1957年提出过"对比分析假说(contrastive analysis hypothesis)",假说的核心是著名的语言迁移理论。此后,很多语言学家又对其做了充实和完善。这一理论认为,学习者的母语知识和能力会转移至对象语,即会有意识地借助母语知识和能力来理解、构建、使用外语。如果二语的某项规则正好与母语相同,那这种迁移有助于学习和掌握二语,可称为正迁移;如果二语的规则与母语不同,但学习者仍旧把母语的说法、规则等原封不动地移入二语,便会形成一种既非母语,又非外语的中介语,出现偏误,则称为负迁移。

依照这一假说,拉多主张对学习者的母语和对象语进行对比,找到两者的相同点和不同点,用于确定教学重点,指导编写教学大纲,实施能够防止或尽量减少负迁移的二语教学。由于二语习得是一个复杂的过程,影响其进程和效果的,还有学习者母语之外的其他因素,所以,后来对拉多这一主张的实践并不十分成功。一些研究表明,母语和对象语相同的成分,未必就出现正迁移;不同的成分,也不一定就是学习的难点。而同母语的比较进行得过多、过细,反倒影响了外语的学习，容易重蹈传统的翻译比较法的覆辙。

我们认为，尽管拉多的主张有理想化的成分，但是成年学习者在学习过程中同母语进行比较，却是不争的事实。正迁移和负迁移未如预测的那样有规律地出现，并不能因此否定对比分析在教学和习得过程中的效果。据我们观察，只要能抓住要点，准确精当地概括出母语和对象语的异同，就会缩短学习者用于理解的时间，最大限度地避免偏误，从而加快教学进度，增加学习内容，腾出更多的用于练习、实践的时间。

对于中介语，我们也主张持一种宽容的态度，认为与其将其视为偏误，不如看作是从母语通向对象语的桥梁。任何人学习外语的目的都不是抛弃母语，而是要实现母语和外语的自由转换。在自由度逐渐提高的转换过程中，中介语是无法完全杜绝的，这同样是成人学语过程中的不争的事实。因此，作为教员，对中介语的态度不应是一味否定，而是根据其接近母语和接近对象语的程度，细致地分析找出潜在其中的两种语言的异同点，用于指导教学。

必须指出，我们所提倡的比较法，充其量只是一种方法，换言之，只是工具，而不是二语教学的目的。进行比较的目的，首先是给新接触到的对象语材料定位，让学习者认同它在语言体系中的位置和作用，继而引导学习者进行同母语的自觉对比。不言而喻，比较的重点在对象语，不在母语。这些都和传统的翻译比较法不同。在教材的编写和教学的整体设计上，我们主张采用广义直接法中的功能法的方式，以具有实用价值的不同生活场景为中心。比较法只是在教学开始对新的对象语材料进行说明的阶段和单元教学结束的测试阶段采用，在此后的阶段，如巩固练习阶段，则也采用直接法的某些有效方式。

1.6 比较法的实施程序

比较法的实施程序如下：

a. 提出作为教学对象的二语语料ⅡX→b. 指出ⅡX在语言体系里的位置→c. 将ⅡX和在语言体系里处于同一位置的母语的ⅠX进行比较→d. 概括比较的结论，说明所以然→e. 对ⅡX和ⅠX的相异点进行重点练习。例如：

a. 提出ⅡX："爷爷11点睡觉，睡7个小时。"

↓

b. 指出ⅡX是进行动作的时点表现和动作持续的时量表现

↓

c. 进行ⅡX同ⅠX的比较：11点睡觉 ：11時に寝る， Ⅱ＝Ⅰ

　　　　　　　　　　　睡7个小时：7時間寝る， Ⅱ≠Ⅰ

↓

d. (1)比较的结论：汉语和日语的时点表现相同，都是"时点＋动作"；时量表现不同，汉语是"动作＋时量"；日语是"时量＋动作"。

(2)对结论的说明：汉语按照事项发生的时间顺序安排语序，先发生的先说，后发生的后说。日语由于动词有词尾变化，所以时点和时量都放在动词的前边。

↓

e. 练习： i 书写练习

(1)时量表现的日译汉练习。如「3日間泊まる」、「大学で4年間勉強した」等。

(2)时量表现的排列组句练习。如"香港、在、工作、他、过、一年，""走、远不远、多长时间、得"等。

(3)时量表现的改错练习。如"请你一会儿等""星期天在家一天看了书"等。

ii 听说练习(例略)

iii 会话练习(例略)

1.7 比较法的适用范围

比较法适用于语音、词汇、语法、语用等所有方面的教学，但根据教学内容的不同，具体程序有所调整。如语音的比较，可能略去对结论说明的步骤；语用的比较，则要适当增加听说、会话的练习等。对各个方面的比较内容、比较程序、比较重点以及注意事项等，下面将分章论述。

[1）这一部分参考并改写引用了章兼中(1983)等。

第 2 章　汉语概说

2.1 语言体系的构成以及汉日语的综合比较

一般认为，语言体系由语音、词汇、语法、表现四个部分构成。现代语言学认为，词汇是语言单位，同语音、语法等不在同一层次，代之以语义。表现在传统语言学中属于修辞的一部分，当代语言学将其纳入语用学的研究范畴。我们认为，从教学的角度考虑，采用语音、词汇、语法、表现四个子系统的划分比较方便可行。语音是入门阶段的主要教学内容，词汇和语法则贯穿于整个教学过程的始终，而表现具有语言和文化的双重属性，既可以分散在各个教学阶段加以渗透，也可以作为高级阶段的内容单独设立一个单元进行教学。

在讲授一门外语之前，首先简要地对对象语和学习者的母语进行全面概括的比较，对于引起学习者的兴趣，了解对象语的概貌，自觉地掌握学习的重点等，都是十分必要的。汉语和日语分属不同的语系，汉语是典型的孤立语，实词（名词、动词、形容词）没有语法标记和词尾变化，语法关系主要靠词序和虚词表示。日语属于黏着语，动词、形容词有词尾变化，每一个变化形式都表示一个特定的语法意义，此外，还有完备的格助词体系，在句中明确地标示出各个成分的语法地位，词序则相对的不那么重要。汉日语的上述差别，非但不妨碍进行两者间的比较，反而成为比较的重要视点。但是，对于非语言专业的学生和从未接触过汉语的学习者，在教学层次上的比较宜采取更为直观的形式，按照由表及里的顺序在第一课时进行，下面是可供参考的具体内容和步骤。

2.2 文字体系的比较

2.2.1 列出用于比较的语料。如：
　　　　君達は図書館のパソコンを使いますか。
　　　　你们用图书馆的电脑吗？

2.2.2 归纳写出比较后的简要结论
　　　一．文字表记　　日语 3 种　汉语 1 种

2.2.3 要点讲解　重点讲解以下三个要点。

(1) 第一个要点:通过这一组短句,可以看出汉日语在文字表记上的三个异同点

a. 日语使用三种文字:汉字、平假名、片假名。汉语只使用汉字。

b. 汉语和日语的汉字,有的写法和意义相同,如"使、用"。有的写法和意义不同,如"達、们"。有的写法相同,意义不同,如"君、的"。有的意义相同,写法不同,如"図、书、館、电、脑"。

c. 写法不同的汉字,又分为两类:一类日语的写法和汉语的繁体字相同。如:"達、書、館"。一类分别是汉语或日语独特的字形。如"図、书、脑"。

(2) 第二个要点:简要介绍繁体字、简体字的由来及使用通行现状。

a. 繁体字是传统的汉字字体,中国大陆在1960年之前一直使用,台湾、香港和海外一些华人社区现在仍在使用。日语汉字的绝大部分与繁体字同形。

b. 简体字又叫简化字,是通过减少繁体字的笔画、简化繁体字的构成等方式等方法制成的汉字字体。1956年由中国政府主管语言文字的部门中国文字改革委员会提出初步方案,1964年归纳成《简化字总表》正式公布实行,包括2236个简体字。现代汉语常用字和次常用字共有3500字左右,主要由这些简体字和一些笔画少、书写简单的繁、简同体字构成。现在中国大陆的教育、媒体、文化艺术、计算机等所有方面都使用简体字,日本和绝大多数国家的正式的汉语教学也使用简体字。

(3) 第三个要点:了解汉日语文字表记的异同对汉语习得主要有三个参考意义。

a. 可以利用写法相同、意义相同的汉字掌握词汇。

b. 能够通过汉语的构词方式(如和日语的外来语相当的汉语义译词的构成方式)了解词汇所反映的汉日语思维方式的不同。如:

パソコン:电脑　　　　ニュース:新闻
スーパーマン:超人　　ホットドッグ:热狗

c. 可以自觉地把简体字作为学习的一个重点。

2.3 语音体系的比较

2.3.1 列出用于比较的语料(可以使用同一语料)。如:

君達は図書館のパソコンを使いますか。

你们用图书馆的电脑吗？ 妈 麻 马 骂

2.3.2 归纳写出比较后的简要结论

　　二. 语音　日语 1 个假名＝1 个音节、无声调

　　　　　　汉语 1 个字　＝1 个音节 、有声调

2.3.3 要点讲解　重点讲解以下四个要点。

(1) 第一个要点:音节

a. 音节是最基本的表义语音单位。日语的一个假名是一个音节，汉语的一个汉字是一个音节。如「き、み、た、ち、パ、ソ」等各是一个音节，"你、们、用、电"等各是一个音节。在音节和汉字的关系上，日语和汉语不一致。如日语的「君」是两个音节，而汉语的"君"是一个音节。

b. 日语和汉语的音节都由开头的辅音和后面的元音构成。汉语称开头的辅音为声母，后面的元音等为韵母；也可以采用权宜的说法，称声母为子音，称韵母为母音。除了 n 和 ng 之外，汉语和日语都没有像英语的 book、test 那样的以辅音结尾的音节。

(2) 第二个要点:元音和辅音

现代汉语有 9 个单元音、1 个卷舌元音、22 个辅音。现代日语有 5 个单元音、2 个半元音、23 个辅音。从元音发音的舌位来看，汉日语有 3 个单元音近似;从辅音的发音方法和发音位置来看，汉日语有 17 个辅音近似。汉语与日语迥异的常用元音是 e 、ü；汉语有，日语没有的辅音是 zhi、chi、shi、ri。

(3) 第三个要点:声调和轻声

日语的音节由辅音和元音两个要素构成，汉语的音节由辅音、元音和声调三个要素构成。有无声调，是汉日语音节的最大区别。因为初学者对声调既无感性认识，也无理性认识，所以，在使用传统的列举"mā(妈)、má(麻)、mǎ(马)、mà(骂)等"的方法例示从第一声到第四声的区别之后，最好再用下面的图说明调值和声调符号的由来。

声调是发音时通过调节声带的松紧变化而形成的音节的高低，属于语音四要素中的音高(pitch)。可以设想，如果对着一个可以纪录音高的曲线的录音机，发mā这类音节的时候，录音机的纪录纸上就会纪录下从左边的⑤到右边的⑤的一条直线；发má这类音节时，就会纪录下从左边的③到右边的⑤的一条上扬的斜线；发mǎ这类音节时，会纪录下从左边的②下降到①的位置，再上升的右边的④的曲线；发mà这类音节时，会纪录下从左边的⑤下降到右边的①的斜线。从左边的⑤到右边的⑤的直线，纪录的就是第一声的音高，或者说第一声的调值。这个调值可以用数字55来表示，也可以用直线来表示。同样，35是第二声的调值，214是第三声的调值，51是第四声的调值，它们也可以分别用纪录纸上的斜线、曲线来表示。表示四个声调的直线、斜线、曲线称为声调符号。

由于有声调，所以，听别人朗读汉语稍长的句子或者诗歌时，会感受到一种抑扬起伏的节奏感。如：

春眠不觉晓。

处处闻啼鸟。

夜来风雨声，

花落知多少？(唐•孟浩然《春晓》)

汉语音节的四个声调，合起来称为四声。除了四声以外，汉语的一些音节还有轻声的读法。轻声属于语音四要素中的音强(intensity)，是由发音时声带振动幅度的大小决定的。如句尾表疑问的语气词"吗 ma"就读轻声。一般认为，日语的音节没有声调和轻声，但是一部分音节有意义不同的アクセント(accent)。如「雨」和「飴」、「橋」、「端」和「箸」等。音声学的实验证明，アクセント既与音强有关，也与音高有关。换言之，对日语母语者来说，运用调节声带的松紧和振动幅度大小的方式发音，并不生疏。对初学者讲清这点，可以帮助他们揣摩声调和轻声的发音方法，减轻对掌握"全新"的汉语发音的心理负担。在日本长期的汉语教学中，"汉语有声调、日语没有声调，声调是日语母语者学习汉语发音的难点"等被强调得过分，而对アクセント与声调和轻声之间的相似点有所忽视。

(4) 第四个要点：汉日语的音节数量、音节单位教学和音素单位教学

由于学者们对音节这一概念的认识不尽一致，不同的论著划分出的音节数量也不相同。一般认为，日语的元音及元音与元音、半元音组合、辅音与元音组合，一共构成 112 个音节，此外还有二十几个只在音译的外来语中出现的音节。现代汉语普通话一共有 418 个音节，如果这些音节都有四个声调和轻声的话，那么在理论上可构成 418×5＝2090 个有意义的音节，不过，有的音节有四个声调和轻声，有的只有三个、两个或一个声调，有轻声的音也不多。因此，汉语普通话的音节实际上只有 1300 多个，去掉其中不常用的生僻音节，常用的有 1250 个左右。

即使是这样，汉语的音节数量也远远超过日语，这一点也往往被作为汉语发音比日语难的根据。仅看绝对数量，两种语言的差距的确很大，但是从音节构成的要素，即音素，也就是元音和辅音的数量来看，汉口语的差距并不大(见上文)。日语的语音教学，传统上采用以音节为基本单位的方式，教学中最小的语音单位是一个音节，即五十音图中的一个假名。如「か」「さ」「た」「な」「ま」等。而汉语的语音教学，采用以音素为基本单位的方式，教学中最小的语音单位是一个音素，即某个元音或辅音。如 a、k、s、t、n、m 等。学习者只要掌握了音素的正确读法，音节再多也只是拼读的问题。实际上汉语的很多音节都是互相关联、可以类推的。日语以音节为基本单位的语音教学方

式对汉语语音教学有非常大的负面影响，必须加以重视，采取适当的对策。（详下）

2.4 词汇体系的比较
2.4.1 列出用于比较的语料(可以使用同一语料)。如：

  例1 春眠不觉晓。 （春　眠い　不　覚える　暁）
      处处闻啼鸟。 （処処　聞こえる　啼く　鳥）
      夜来风雨声， （夜　来る　風　雨　音）
      花落知多少？ （花　落ちる　知る　多少）

  例2： 最近我打算去上海旅行。

2.4.2 归纳写出比较后的简要结论
   三．词汇：同形同义词的比重大 同形类义词可推测
      异形异义词有反差

2.4.3 要点讲解 举例讲解以上三个要点。

由于汉语和日语都使用汉字，所以，两种语言在词汇体系上形成了一种其他语言之间很难见到的特殊关系。这具体表现在以下方面。

(1)第一个要点:同形同义词在词汇中所占的比例大

同形词包括完全同形(如"日本"和「日本」、"土地"和「土地」)和简日(指日语使用的汉字)同形(如"东京"和「東京」、"关系"和「関係」)。在古代和近代，汉日语同形同义的汉字词很多。如《春晓》。进入现代以后，随着两国社会经济环境的变化，两种语言都分别产生了大量的新词，日语里的外来语也大量增加，但是同形同义词在常用词中所占的比例仍然很大。如果按照多义词中有一个义项相同就算同义词的标准计算，在《HSK 词汇等级大纲》的1033 个甲级词中，完全同形的有 234 个，简日同形的有 177 个，两者合计 411 个，占全部甲级词的 39.7%。甲级词是使用频率最高的常用词，是一种语言词汇体系的基础。可以认为，学习任何一种外语，都需要掌握它的甲级词。另

外，在学过语音体系和基础语法以后，运用外语的"自由度"的高低，在很大的程度上都取决于掌握的词汇量的多少。因此，超过甲级词三分之一的同形同义词对日语母语的学习者来说，是一个有利的先天条件。在汉语教学的开始阶段，讲清汉日语在词汇体系上的这一共同点，对初学者了解汉语词汇体系的概貌，设定学习的重点等是十分必要的。

(2) 第二个要点:同形类义词词义的可推测性

汉语和日语都有"最近"这个词，但是日语的"最近"只指和说话时点接近的"过去的某个时间"，而汉语的"最近"不光指"过去"，还可以指和说话时点接近的"将来的某个时间"。按照多义词中有一个义项相同就算同义词的标准，"最近"应归入同形同义词。

汉语和日语都有"新闻"这个词，日语指 newspaper，汉语指 news 或 journalism。尽管意义不同，但两者有关联。再如"娘"这个词，日语指"女儿"，汉语的指"母亲"，虽然意义完全不同，但也并非毫不相干，两者都属血缘关系这一范畴。我们称"新闻"、"娘"这类词为同形类义词。

对日语母语的学习者来说，同形类义词虽然不能像同形同义词那样可以无师自通，但借助于汉字的意义，其中很多词的词义都具有可推测性。如HSK甲级词里的下列词:

A 爱人　打算　辅导　告诉　工作　故事　紧张　评价　劳动　名字
B 杯子　不如　改变　寒假　互相　或者　介绍　老师　例如　暖和

两种语言A类词的意义不同，但可以互为参考，推测另一种的意义或意义范畴。B类只是汉字同形，但也可从日语汉字的意义出发，推测汉语词的意义或意义范畴。这里说的"推测"，包括学习者的自主推测和教学中教师引导的推测，从性质上看，推测的过程就是一个比较的过程，无论是哪种推测，也无论推测的结果正确与否，对学习兴趣的触发和词汇的掌握都有积极意义。

(3) 第三个要点:异形异义词的意义反差

异形异义词是指在现代共时的平面上，两种语言在字形和意义上都看不出关联的词。例如:

东西　大家　点心　多么　方便　广播　好吃　漂亮　精彩　客气　马上　年轻　舒服　所以　香蕉　要是　整齐　手纸　三明治　找等。与同形同义词和同形类义词相比，这些异形异义词无疑是词汇学习的重点。但是，学习的重点并不一定是学习的难点。由于异形异义词的字面意义和实际意义相去甚远，形成了学习者在将自己所掌握的汉字的意义和词义联系起来时的极大的反差，这种反差进而变为记忆时的强刺激，反倒使异形异义词容易记住，不至遗忘。很多测试表明，对学习者来说，学习和使用异形异义词时比同形类义词易于排除母语的负迁移，很多典型的异形异义词甚至比同形同义词还要容易掌握。

不言而喻，语言的词汇体系是一个成分复杂的庞大系统，除了同形同义词、同形类义词、异形异义词之外，还有大量的不易归类或兼类的中间性成分，特别是日语的谓词(用言)，不只有汉字的部分，还有负载词形变化功能的词尾。上面的比较和要点讲解，都是粗略的概述。即便如此，也可以说，日语母语的学习者具有掌握汉语词汇的得天独厚的条件，对汉语学习和教学来说，词汇的部分都不是重点。

2.5 语法体系的比较

2.5.1 列出用于比较的语料。如：

　　他在北京的语言大学认真地学了一年汉语。

　　彼は北京の語言大学で一年間真面目に中国語を勉強した。

2.5.2 归纳写出比较后的简要结论

　　四. 语法

　　　　语序　a. 相同　主体(题)＋叙述

　　　　　　　　　　　修饰成分＋被修饰成分

　　　　　　　b. 相异　汉语 动词＋宾语

　　　　　　　　　　　日语 宾语＋动词

　　　　　　　　　　　汉语 动词＋持续时间·回数

　　　　　　　　　　　日语 持续时间·回数＋动词

助词: 日语:后置格助词 ≈ 汉语:前置介词
时体: 日语:词尾变化 ≈ 汉语:动态助词

2.5.3 要点讲解　举例讲解三个要点。
(1)第一个要点:"同序"和"异序"

汉语和日语的主语都放在谓语的前面,如上例中的"他"。定语(連体修飾語)和状语(連用修飾語)都放在中心语(被修飾語)的前面。如上例中的"北京的"、"认真地"。

汉日语语序不同的句法结构主要有两种,即宾语的位置和动作持续时间及回数的位置。如上例中"学汉语"和"学了一年"。汉日语的语序排列都不是任意的,各有其理据性。

(2)第二个要点:"后置词"和"前置词"

日语用来标示句子中名词的语法地位的格助词(如表主体/主题的「は・が」、表动作对象的「を」、表时间的「に・で」、表处所的「で・に」、表方式的「で」、表工具的「で」、表起点的「から」、表终点的「まで」、表方向的「へ」"等),都放在名词的后面,汉语没有与「は・が」对应的词,与其他助词对应的介词都放在名词的前面。如上例中的"在"。这虽然也可以视为语序问题,但采用"日语的格助词都是'后置词',汉语与之对应的介词都是'前置词'的说法,学习者较为容易把握。

(3)第三个要点:日语的词尾和汉语的"零形式・了・着・过"

和日语动词・形容词的词尾,如「～する」「～た」「～ている」「～である」「～い」「～くない」「～くなかった」等变化形式相对应的汉语表现较为复杂,但是汉语也是采取在动词・形容的后边附加或不附加助词(即零形式)的方式。如上例中的"学了"等。从这个意义上说,汉语和日语也是对应的。即使对应关系复杂,但语法手段和位置是一致的。

2.6 表现方式的比较

2.6.1 列出用于比较的语料。如：
  例1 a. 雨越下越大了。
     雨が激しくなってきた。
    b. 突然下雨了。
     突然雨が降り出した。

  例2 a. 对不起，这个麻婆豆腐不是我要的。
     すみませんが、このマーボー豆腐は私が注文したものではありませんが。
    b. 请问，你们饭店有没有麻婆豆腐？
     すみませんが、マーボー豆腐がありますか。

  例3 a. 王老师从前边来了。
     王先生は前からやってきた。
    b. 前边来了一个人。
     一人が前からやってきた。

2.6.2 归纳写出比较后的简要结论
  六．表现
   汉语：已知・特定・旧信息＋未知・不特定・新信息
   日语 动作・变化・叙述主体＋动作・变化・叙述

2.6.3 要点讲解
  例1a 的"雨"、例2a 的"麻婆豆腐"、例3a 的"王老师"是已知的特定的旧信息，所以分别作为主语放在句首先说；例1b 的"雨"和例2b 的"麻婆豆腐"、例3b 的"一个人"是未知的不特定的新信息，所以分别作为宾语放在句末后说。而日语a、b中的同类成分，没有位置先后的区别，都作为主语放在句首。
  两种语言表现方式的差异，还体现在一些特定场合的习惯说法上，其中大多与传统文化和社会生活的环境、习惯有关。

2.7 小结

在语音、词汇、语法、表现四个方面中,语音和语法是教学的重点,词汇和表现是语音和语法的载体或者说体现者。因此,四个方面的教学应该设定不同的目标,采用不同的方法。具体地说,语音应以比较、模仿为主,词汇应以比较、类推为主,语法应以比较、理解为主,表现应以比较、实践为主。

第3章 语音教学

3.1 语音教学的目的和要求

不言而喻,语音教学的目的是教会学习者掌握汉语的发音,使之能够借助辞书等掌握汉语字、词的读法,进而能够说出并听懂连贯的句子、语段等。但是只有这样笼统的目标还不够,还必须搞清音位、音位变体、音素等具体的教学内容和汉语拼音的性质,并确立科学的教学顺序。

3.1.1 音位 音位变体 音素

音位(phoneme)是语言中能够区别意义的最小的语音单位。如汉语单元音的a、i、u、ü,辅音的b、d、m、n等各是一个音位。音位不一样,意义也随之而变。如汉语的dà是"大"的意思,要是把其中的à换成ù,那就变成了"度"的意思。a和u分别是一个音位。

音位变体(allophones)是一个音位在不同的环境中出现时的不同读法。如汉语"大(dà)"里面的元音a和"带(dài)"里面的元音a以及"电(diàn)"里面的元音a,实际的读音并不完全一样。如果用国际音标来标音的话,"大"里的a的实际读音接近[ɑ],"带"里的a的实际读音接近[A],而"电"里的a的实际读音接近[ɐ]。但是,即使把"大"里的a读成[A]或者[ɐ],把"带"里的读成[ɑ]或者[ɐ],把"电"里的a读成[ɑ]或者[A];只是听起来不太地道,"大""带""电"这三个词并不会因此而变成其他意义。[ɑ][A][ɐ]就是单元音a的音位变体。

不同的人发出的同一个元音或辅音,也是这个元音或辅音的音位变体。如八岁的女孩儿发的a和二十八岁的男青年发的a以及八十二岁的老奶奶发的a的实际读音并不一样,但是她们发的三个不同的a在意义上却没有区别。这三个不同的a也是单元音a的音位变体。日语有「十人十色」的说法,借用这个说法来说明音位变体的话,可以说十几亿说汉语的中国人发出的a的实际读法各有特色,换句话说,有多少人发a这个单元音,它就有多少个音位变体。

音素(phone)也叫音子,是最小的语音单位,也就是具体的人发出的在不同的组合中的一个一个的元音或辅音。换言之，也就是某个元音或辅音的音位变体。

3.1.2 语音教学的标准和容许度

搞清音位、音位变体和音素这三个概念，在语音教学中有两个意义。一是每个教师靠自己的示范交给学生的元音或辅音，都是一个音位变体，不能也无法要求所有的教师（包括能起到示范作用的其他音源）的发音在听觉上完全一致。同样，也不能强求学习者的发音和教师完全一致。判断学习者是否掌握了某个音的标准，是看他是否能区分不同的音位，而不是像教师或汉语母语者那样地道和准确。学习者也没有必要用这样的地道和准确来要求自己。

能够区别不同的音位，发音时不至引起混淆，是语音教学的容许度。学习者只要达到了这个容许度，某个或某组语音的教学即应告一段落，没有必要继续进行没完没了的练习。

二是所有的元音或辅音都是在组合中使用的，少数的单元音能够自成音节，作为一个词表达意义，但绝大多数都是和其他元音、辅音结合在一起，构成不同的词。元音或辅音进入组合以后，都或多或少地发生读音的变化，形成不同的音位变体。因此，只有通过单词、句子才能真正掌握各个音素的实际读法，用大量的时间教授孤立的元音和辅音，既无必要，也不科学，是违反人类学习语言的规律的。

3.1.3 汉语拼音的性质

汉语拼音和国际音标一样，是标示发音的符号，不是表记汉语意义的文字。国际音标可以用来标示多种语言，只用国际音标标出的语段，可以是英语的发音，也可以是汉语或者日语的发音，但是国际音标的排列链本身，不是任何一种语言。从理论上说，汉语拼音也是这样。它既可以用来标示汉语普通话的发音，也可以用来标示方言或其他民族语言的发音。将来汉语是否会采用类似汉语拼音这样的字母文字另当别论，在现阶段，它的主要用途就是作为工具，帮助学习者掌握汉语字、词的读法。过了学习发音的阶段，它就完成了历史使命。所以，在语音教学阶段，只要求学习者能够认读汉语拼音即可，没有必要让他们掌握拼音的拼写以至使用拼音书写汉语的句子、短文等。与其花费时间要求学习者书写拼音，不如让他们自己对照归纳汉语拼音与英语字母、日语的罗马字母(准确的汉语术语应为拉丁字母，这里姑且采用日语式的说法)近似或不同读法，才是具有实用价值的内容。

3.1.4 语音教学的顺序

长期的教学实践证明，便于说明并使学习者容易掌握的教学顺序是第一阶段先教 a、o、e、i、u、ü 六个单元音，接着教双唇音和唇齿音 b、p、m、f，然后教四声。经过一段拼读练习之后再按照舌尖中音 d、t、n、l→舌根音 g、k、h→舌面音 j、q、x→舌尖前音 z、c、s→舌尖后音 zh、ch、sh、r 的顺序教其他五组。在教 z、c、s 时教舌尖前元音 [-i]，在教 zh、ch、sh、r 时，教音舌后元音 [-i]。

第二阶段教复韵母、鼻韵母。在教鼻韵母时教辅音[ŋ]。

第三阶段，教 ê、er，音变、拼写规则。

3.2 基本单元音(单韵母)教学

3.2.1 a

a 是世界上所有语言的基本母音，不论是在元音舌位图上的位置，还是实际发音的音值，与 [ア] 都可归为同一音位的音位变体。因此，几乎没有必要做任何说明和练习。(拙作 2004, 2006，与一木達彦・苞山武義共編著。以下只记为拙作) 曾主张"发音时口型要比ア开得大些"，后来的教学实践证明，似无必要。

3.2.2 o

很多教科书和教师都认为 o 的发音和日语的 [お] 或 IPA 的 [o] 近似。其实"'播'、'波'、'摸'"这一类字的韵母，从汉语拼音的字面形式看是一个单元音 o，但实际语音却带了一个弱化了的过渡音 u。据王理嘉(2005)，就汉语音韵系统说，普通话原本也只有一个属合口呼的 uo 韵母，并无一个由单元音 o 充当的韵母。早期国语发音学在谈到注音符号拼音设计时曾说过:b 跟 uo 相拼时，可以省略中间的 u。既然说是省略，可见本来是有 u 的。在制定汉语拼音方案时，从节省字母用量考虑，也采取了同样的省略。而且，为了使"凹(au)"和 an 容易区别，未采用"凹(au)"而采用了"凹(ao)"；为了使"欧(eu)"和"悠(ieu)"容易区别，未采用"欧(eu)"和"悠(ieu)"，而采用了"欧(ou)"和"悠(iou)"。此外，"中(zhong)"里的 o 原来也是 u。

中国国内的小学和大学中文系的教学，多用短 [uo] 的发音教 [o]。《现代汉语词典》(第 7 版)收录了 5 个读音为 o 的叹词，即"喔(ō)、噢(ō)、哦(ó)、嚄(ǒ)、哦(ò)"。叹词本身的读法就有因人因地的波动，据笔者多年的调查，在调查到的六十岁到八十岁的普通话区域的北方人中，在使用这 5 个叹词的语境中，几乎都按顺序发为"wo（或 ao）、e、huo、e"等音，没有人读 [o]。

含有 o 的复韵母一共有 uo、ao、iao、ou、iou、ong、iong 7 个，这 7 个复韵母和 21 个声母组合，共构成 84 个音节，再加上 ong 以外的 6 个零声母音节共 90 个。90 个加上声调共构成 282 个"有词音节"。其中由 o 构成的有"波"等 16 个，里面的 o 读音近似 uo。由 uo 构成的有"窝""戳"等 43 个、由 ao 构成的有"凹""包"等 60 个，如前引王理嘉(2005)所述，其中的 o 实际上是 u。由 iao 构成的有"腰""标"等 40 个，其中的 o 也是 u。由 ou 构成有"欧""抽"等 52 个，王理嘉(2005)说其中的 o 是 e。由 iou 构成的有"悠""纠"等 22 个，其中的 o 也是 e。由 ong 构成的有"冲"等 40 个、由 iong 构成的有"拥""囧"等 9 个，其中的 o 是 u。即使承认《现代汉语词典》(第 7 版)收录的 5 个读 o 的叹词的存在，在教学中用和日语的 [お] 或 IPA 的 [o] 近似的音来教 o 也会引起混乱。切实可行的办法是在明确示范 o 的发音是短 uo 的基础上，将 o 和[お]加以比较，指出两者的发音完全不同，然后用短 uo 的发音教单元音。准确发 o 音的关键是发音开始时有一个短促的圆唇动作。

3.2.3 e

e 是舌面后半高不圆唇元音，日语里没有与它近似的元音，所以教 e 的发音时，应以说明和示范为主，避免和日语进行牵强附会的比较。e 的舌位虽然靠后，但从高低位置上看，基本上是一个中元音。因此，发音的时候嘴自然地张到半开的程度，在口、舌、齿等发音器官都相对静止的状态下呼出气流震动声带发音。发准 e 的关键是"无所作为",即除了呼出气流震动声带之外什么也不做,而呼出气流属于正常呼吸的一个环节,并不费力。如果学习者发音时觉得吃力,或有明显的用力动作,则为没掌握要领,需要重新体会尝试。由于 e 是日语里完全没有的元音,所以是单元音教学的一个难点。但是现代汉语常用词中,由 e 构成的词只有"俄、鹅、额、饿、恶、鳄"6 个,一般日常生活中用到的,只有"饿、俄"两个,即使在学习单元音的阶段不能准确掌握,也可以在此后的阶段中通过拼读揣摩练习。

3.2.4 i

i 和 a 一样,也是世界多数语言里的基本元音,与日语的[イ]的舌位和发音方法基本相同,都是舌面、前、高、不圆唇元音。两者的区别在音位变体的范围之内,可以互换通用,无须着意强调练习。

3.2.5 u

汉语的 u 是圆唇元音,而日语的[ウ]是不圆唇元音,这是两者的最大区别,应该重点强调,并通过示范或示意图等反复说明。日语的圆唇元音只有[オ]一个,但[オ]的圆唇程度大,u 的圆唇程度小,嘴唇要形成一个小圆,让气流从小圆的中心集中呼出。指导 u 的发音练习,既可以从[ウ]出发,让学习者把发[ウ]的口型变成圆形;也可以从[オ]出发,让学习者把[オ]的口型尽量缩小,把发音部位由口内移至圆唇的内侧,使圆起的嘴唇内侧感到轻微的震动。u 虽然没有 a、i 那样的和日语的高相似度,但不是发音的难点,只要经常提醒学习者注意做圆唇的动作即可。

3.2.6 ü

ü 也是汉语有,日语没有的元音,但它和 i 的区别只是圆唇和不圆唇;和 u 的区别只是舌位的前后,因此,既可以从 i 出发,把发 i 音的口型变成圆唇;也可以从 u 出发,把发 u 时的唇形向前突出。不论用哪一方法,都易于说明,也易于掌握。以从 u 出发为例,可让学习者先做好发 u 的口型,然后把嘴唇拢圆并尽量向前突出,突出到不能再突出的程度时,从圆唇中间呼出气流,让气流震动嘴唇内侧,使之有发麻的感觉。让气流震动嘴唇内侧,是发准u的关键,如无震动,只是向外送气,则会发出和吹口哨差不多的声音。

3.2.7 单元音小结

从在语音体系中的地位和使用频率来看,a、o、e、i、u、ü这六个单元音和日语的[ア]、[イ]、[ウ]、[エ]、[オ]大致相当。从上面的比较说明可以看出,对日语母语者来说,真正的"难音"只有e一个,而其他5个,都可以直接或间接参考日语的单元音,找到要领,掌握某些技巧或避免某些倾向。

3.3 第一阶段辅音(声母)教学

辅音放在音节开头的位置上时也可称作声母。现代汉语普通话一共有22个辅音,其中有21个可做声母,辅音ng[ŋ]只能放在元音的后面构成鼻韵母,不能做声母。辅音的教学,可以按照它们的发音方法,分为塞音、擦音、塞擦音、鼻音、边音等进行,也可以按照它们的发音部位,分为双唇音、唇齿音、舌尖前音、舌尖中音、舌尖后音、舌面音、舌根音等进行。按照发音部位教学易于和日语进行比较。

绪论里谈到,日语语音教学的基本单位是音节,而汉语语音教学的基本单位是音素。教授辅音的时候,一定要经常强调这一点,提醒学习者注意从音节中把音素(辅音)分离出来,并注重培养他们分离和重组的技能。能否做到这一点,是辅音教学是否能达到预期目的的关键。

辅音教学分两个阶段进行,第一阶段只教双唇音 b p m 和唇齿音 f。

汉语的辅音都是"无声音",只读辅音的话,只能看到发音的动作,听到轻微的声音,难以进行教学。为此,中国的语文教学采取一种类似日语的五十音图的方法,把辅音和最常与其结合成音节的元音一起教授。如把o和这一组辅音结合在一起,用 bo po mo fo 4个音节教前面的4个辅音。这一办法解决了辅音"无声"的问题,便于示范和讲解练习,但是同时也有副作用,就是容易使日语母语者把教学时临时组合成的 bo po mo fo 等音节,误当成4个辅音的读音,也就是把汉语的一个声母和日语五十音图中的一个假名等同起来。为解决这一问题,除了对 bo po mo fo 的由来加以说明之外,还可以采取"多组并行"

的方式，避免学习者产生 bo po mo fo 一体化的认知。具体做法如下：

(1) 列出用于讲解和领读的组合，通过示范进行比较说明

ba　　pa　　ma　　fa
bu　　pu　　mu　　fu
bo　　po　　mo　　fo

b 和［ば］开头部分的辅音近似，两者都是塞音，也叫爆发音或破裂音，发音方法都是先紧闭双唇，让嘴里充满气流，然后突然张开。发出的音基本在同一音位变体的范围之内。

P 和［ぱ］开头部分的辅音近似，两者也都是塞音，发音方法都是先紧闭双唇，让嘴里充满气流，然后突然张开。与 b 不同的是，发 b 时只是张开嘴，上下唇略向口内方向内敛，不向外呼出气流，而发 p 的时候，在张嘴的同时向外吐出气流，上下唇是外突的。用这样的方法发出的辅音称为"送气音"，与之相对，b 一类的辅音称为"不送气音"。汉语普通话的不送气音和送气音是成对的，一共有 b、p 这样的 6 对。发［ぱ］开头部分的辅音虽然不需用力向外送气，但上下唇的动作和形状与 p 近似。两者的具体的发音基本上也未超出同一音位变体。以往的语音教学对送气音和不送气音的差别以及日语里不存在这一差别等强调过分，大量的教学实践证明，在通过对比的方式加以说明的基础上进行示范练习，这是学习者较为容易掌握的内容。

拙作(2004, 2006)曾从 b、p 是轻辅音，［ば］开头部分的辅音是浊辅音、［ぱ］开头部分的辅音是半浊辅音的角度进行过比较，但是在把它们和元音结合在一起进行教学时，由于元音的影响，声带都发生震动，清浊是很难体会，也很难分清的。

m 和［ま］开头部分的辅音一样，都是鼻音，两者的发音方法和实际音都没有区别。

f 和［ふ］开头部分的辅音都是擦音，发音时口腔或双唇等发音部位缩小，形成狭小的缝隙，然后让气流从中摩擦挤出。两者的发音方法虽然一样，但发音部位略有差异，f 是唇齿音，通过上齿和下唇的摩擦发音，而［ふ］开头部分的辅音是双唇音，上下唇之间略留空隙，气流从中摩擦挤出。针对上述差异，

指导 f 的发音，重点是讲清并随时提醒学习者把握正确的位置。

(2)进行纵列领读。即按箭头方向领读。

  ba ↓ pa ↓ ma ↓ fa ↓
  bu ↓ pu ↓ mu ↓ fu ↓
  bo ↓ po ↓ mo ↓ fo ↓

(3)列出分散的声母和韵母，让学习者自己拼读。

  b+i p+i m+i f+a
  b+a p+u m+o f+u
  b+u p+a m+a f+o

3.4 声调教学

在通过汉日语的概略比较，学习者对声调已经有了感性认识的基础上，可以利用已经学过的声母和韵母的组合进行声调的说明、演示、领读，不过有必要再对声调的性质做一简要的说明。

(1)声调是各个音节发音方法的高低、起伏变化，和日语的アクセント有类似之处，但是汉语的声调有四个固定的类型，分别为第一声、第二声、第三声、第四声，合称为四声。

(2)四声的特点。为说明方便，有必要重新列出声调示意图。

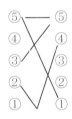

第一声 从高度 5 到高度 5，平坦无变化。和日语五十音图中各个假名的读法类似。如：

  ま:mā(妈) ば:bā(八) ぱ:pā(趴)

第二声 从高度3上升到高度5，有从低到高的变化。与一部分日语词的开头(如「バーコード」中的「バー」、「パーセンテージ」中的「パー」)的读法近似。如：

舞扇（マイオウギ）：má(麻)

バーゲンセール：bá(拔)

パーキングメーター：pá(爬)

ファースト：fá(罚)

第三声 从高度2下降到1再升到高度4，有先降后升的曲折变化。因为有先降后升的过程，所以第三声比第一、二声和第四声略长。我们没有找到可用于比附第三声发音的理想的日语材料，觉得与一部分词的开头(如「圧倒的 アットウテキ」中的「アッ」、絵扇 エオウギ中的「エ」)的读法近似。如：

全うする マットウスル：mǎ(马)

抜刀 バットウ：bǎ(把)

ぱっとしない パットシナイ：pǎ

ファストフード (fast food) ファストフード：fǎ(法)

第四声 从高度5下降到1，是一个全降的调型。初学者容易出现"半降、降到4"等降不到位的现象。还有一部分人，把全降误解为用力，应予说明并及时纠正。我们也没有找到可用于比附第四声发音的理想的日语材料，觉得与一部分"头重型"单词（如「愛アイ」中的「アイ」、「エース中的「エー」」）的读法近似。如：

枚挙 マイキョ：mà(骂)

梅雨 バイウ：bà(爸)

パイ（π）パイ：pà(怕)

ファーム (farm) ファーム：fà(发)

(3) 轻声

绪论里已经说到，轻声和声调的性质不同，不是发音时调值高低的变化，而是发音时用力较轻，即由音强决定的。掌握调值的高低起伏，需要一定的练习时间，而控制发音的用力程度，相对地容易做到。轻声和日语的强弱アクセント类似，不是语音教学的难点。只要说明轻读的音节的音高和轻读前的第一声较为接近，然后就可以转入示范练习了。尽管轻声和声调的性质不同，但两者都是汉语用来表达不同意义的方式，所以，宜放在一起进行练习。

(4) 四声及轻声的练习

横向练习

| bā | bá | bǎ | bà | ba | pā | pá | pǎ | pà | pa |
| mā | má | mǎ | mà | ma | fā | fá | fǎ | fà | fa |

纵向练习

bā	bá	bǎ	bà	ba
pā	pá	pǎ	pà	pa
mā	má	mǎ	mà	ma
fā	fá	fǎ	fà	fa

无序练习

bá	mà	ba	fǎ	pā
pǎ	ma	fā	bǎ	mā
mā	bà	pa	fǎ	pā
fā	mǎ	bà	pá	fa

自组合练习

bū	mú	ba	fǔ	pù
pī	ma	mí	bǐ	mì
mō	fó	bǒ	pa	pò
fà	mǐ	ma	bú	pō

实用练习

bā	bá	bǎ	bà	ba
八	拔	把	爸	吧
八	抜く	把握する	パパ	〜しょう

mā	má	mǎ	mà	ma
妈	麻	马	骂	吗
ママ	麻	馬	罵る	〜か

pā	pá	pǎ	pà
趴	爬		怕
腹這いになる	はう		恐がる

fā	fá	fǎ	fà
发	罚	法	发
発する	処罰	法	髪の毛

bī	bí	bǐ	bì
逼	鼻	笔	必
迫る	鼻	書くもの	必

fū	fú	fǔ	fù
夫	福	府	父
夫	福	府	父

pī	pí	bǔ	bù	bàba	máma
匹	皮	补	布	爸爸	妈妈
匹	革	補う	布	パパ	お母さん・ママ

3.5 第二阶段辅音(声母)教学

学习者初步掌握了第一阶段的辅音和声调之后,第二阶段的辅音教学会相对容易,对其他各组声母也可以采用列出材料、比较说明、领读练习、自主练习、实用练习的步骤进行教学。

3.5.1 舌尖中音 d t n l

(1) 列出用于讲解和领读的组合,通过示范进行比较说明

    dā tā nā lā
    dū tū nū lū
    dē tē nē lē

d 和[だ]开头部分的辅音近似,发音时舌尖抵住上齿龈阻住气流,然后突然离开,爆破成音。两者的音基本在同一音位变体的范围之内。

t 和[た]开头部分的辅音近似,与 d 不同的是,t 是送气音,在舌尖离开上齿龈时须同时向外吐出气流。发[た]开头部分的辅音不需用力向外送气。初学者在发 d 和 t 时,容易出现声带过分震动的现象,把两者都发成浊化程度很高的带音。对此,应通过示范引导其将发音部位前移,放至舌尖处。

n 和[な]开头部分的辅音一样,都是鼻音,两者的发音方法和实际音都没有区别。有些初学者在发 n 音时有"延时"现象,持续阻碍的时间稍长,应提醒注意。但即使这样,发出的音仍在同一音位变体范围之内,不影响意义表达。

l 和[ら]开头部分的辅音都是边音,发音时舌尖接触上齿龈,气流从舌头的两侧通过。[ら]位于一个词的开头时,发音方法和实际发音与 l 基本相同,但在处于词间时,会出现一个弹舌尖的动作,而 l 不论处于什么位置,都没有这一动作。

(2) 进行纵列领读。即按箭头方向领读。

    dā ↓ tā ↓ nā ↓ lā ↓
    dū ↓ tū ↓ nū ↓ lū ↓
    dē ↓ tē ↓ nē ↓ lē ↓

(3) 列出分散的声母和韵母，让学习者自己拼读。

   d＋ī t＋ī n＋ī l＋ī

   d＋á t＋è n＋ǔ l＋í

   d＋ǔ t＋ā n＋ĭ l＋è

(4) 实用练习

dā	dá	dǎ	dà	tā	tá	tǎ	tà
搭	答	打	大	他		塔	拓
架けわたす	答える	打つ	大きい	彼		タワー	拓本を取る

nā	ná	nǎ	nà	lā	lá	lǎ	là
	拿	哪	那	拉			辣
	取る	ど〜	そ・あ〜	引っ張る			辛い

dé	de	tè	ne	lè	le	nĭ	lù
德	的	特	呢	乐	了	你	路
德	の	特	〜か	楽		あなた	道

dàdì	dìdi	dìtú	nǔlì	dútè	dǎfa	nàme
大地	弟弟	地图	努力	独特	打发	那么
大地	弟	地図	努力する	独特	行かせる	そんなに

3.5.2 舌跟音 g k h

(1) 列出用于讲解和领读的组合，通过示范进行比较说明

   gā kā hā

   gū kū hū

   gē kē hē

  g 和 [が] 开头部分的辅音近似，发音时舌根抵住软腭，软腭上升，阻住气流，然后突然离开，爆破成音。两个音基本在同一音位变体的范围之内。由于 g

的发音部位靠近舌根，有些初学者发音时震动声带，用喉部发音。在纠正时应该讲清 g 是清辅音，尽管发音部位离声带很近，但并不震动声带，发音时感到声带有轻微震动的原因是由后面的元音造成的。

k 和［か］开头部分的辅音近似，除了送气之外，发音方法和部位与 g 相同。k 和［か］开头部分的辅音极为近似，按理说对日语母语者来说，是一个容易掌握的辅音。但在长期的教学中，多次观察到一些学习者不能将 k 和后面的 e 分离的现象。他们发的"信用卡"的"卡"，成了一个近于 kea 的音；"辛苦"的"苦"，成了一个近于 keu 的音。出现这一现象的根本原因，在于只用 ge、ke、he 一组音节教授三个辅音，又未清楚地说明辅音和后面的 e 的临时借用的关系。此外，还与 e 容易与舌根音组合有关。采取本书提倡的"多组并行"的方式，可以避免这一现象。

h 和［は］开头部分的辅音和［ひ］开头部分的辅音各有近似的地方，三者都是擦音。但［は］的辅音的发音部位比 h 靠后，是一个喉擦音；［ひ］的辅音的发音部位比 h 靠前。汉语普通话有 ha 音节，没有 hi 这个音节，通过示范说明，引导学习者的把［は］的口型略微缩小，使摩擦部位前移，一般都能正确地发出 h 音。即使发音部位与［は］大致相同，只是发音时觉得费力，发出的音一般也不会超出 h 的音位变体的范围。

(2) 进行纵列领读。即按箭头方向领读。

gā ↓ kā ↓ hā ↓
gū ↓ kū ↓ hū ↓
gē ↓ kē ↓ hē ↓

(3) 列出分散的声母和韵母，让学习者自己拼读。

g＋ū　k＋ū　h＋ū
g＋á　k＋è　h＋é
g＋ǔ　k＋ē　h＋è

(4) 实用练习

gā	gá	gǎ	gà	kā	ká	kǎ	kà
咖			尬				卡
「カレー」の「カ」							カード

hā	há	hǎ	hà	gē	gè	kē	kě
哈				歌	各	科	渴
				歌	各	科	のどが渇く

kè	hē	hé	gēge	gūgu	gǔgē	kèkǔ	
课	喝	和	哥哥	姑姑	谷歌	刻苦	
課	飲む	と	兄	叔母	グッグル	苦労する	

kělè	hégé	héfú	hútu	gécí	hémǎ	kēmù
可乐	合格	和服	糊涂	歌词	河马	科目
コーラ	合格する	和服	愚かだ	歌詞	カバ	科目

3.5.3 舌尖前音 z c s

(1)列出用于讲解和领读的组合，通过示范进行比较说明

　　　　zā　　cā　　sā
　　　　zū　　cū　　sū
　　　　zē　　cē　　sē

z 和［ざ］开头部分的辅音近似，都是塞擦音，发音的过程相对复杂，开始和发塞音一样，先在发音部位(舌尖和上齿背)阻住气流，然后不是像发塞音那样突然离开，而是像发擦音那样留出一个窄缝，让气流从中挤出，摩擦成音。z 和［ざ］的辅音基本在同一音位变体的范围之内。

c 和［つ］开头部分的辅音近似，不过是送气音。它的发音方法和发音部位和 z 基本相同，但在最后阶段要向外吐出气流。c 和［つ］的辅音基本在同一音位变体的范围之内，但［つ］的音程比 c 略长，初学者往往在 c 的后面加上一个短 u。又由于英语字母读音的影响，有人常常将其读成［k］。

s 和［さ］开头部分的辅音一样，都是擦音，两者的发音方法和实际音都没有区别。

z、c、s 这一组辅音可以和舌尖前元音[-i]（国际音标记作［ɿ］）构成音节。汉语拼音方案用和基本元音 i 相同的形式标记舌尖前元音[-i]，把它和 z、c、s 组成的音节写作 zi、ci、si，在教授这一组辅音时，一定要讲清两点：

一、基本单元音 i 是舌面元音，读音和［イ］基本相同，而出现在 z、c、s 后面的[-i]是舌尖元音，发音时舌尖接近上齿背，气流从上下齿和舌尖构成的窄缝中经过，发出的音和［ず］［つ］［す］的后半较为接近，和 i［イ］完全不同。

二、在汉语的音节结构里，舌尖元音[-i]只能出现在 z、c、s 的后面，和它们构成音节，不能和其他声母组合。同样，z、c、s 也不能和舌面元音 i 组合，它们后面的 i 不能读为［イ］。

(2) 进行纵列领读。即按箭头方向领读。

zā ↓ cā ↓ sā ↓
zū ↓ cū ↓ sū ↓
zī ↓ cī ↓ sī ↓

(3) 列出分散的声母和韵母，让学习者自己拼读。

z＋ē　c＋ē　s＋ē
z＋á　c＋è　s＋ú
z＋ǔ　c＋ā　s＋è

(4) 实用练习

zā	zá	zǎ	zà	cā	cá	cǎ	cà
	杂				擦		
	雑				拭く		

sā	sá	sǎ	sà	zī	zǐ	zì	cí
洒				资	子	字	词
撒く				資	子	字	語

cì	sī	sǐ	sì	zìjǐ	zǔhé	cāxǐ
次	丝	死	四	自己	组合	擦洗
回	シルク	死	四	自分	組み合わせる	擦る

cíkǎ	cìjī	cízǔ	sīlì	sījī	sìjì	sùdù
磁卡	刺激	词组	私立	司机	四季	速度
ICカード	刺激	連語	私立	運転手	四季	速度

3.5.4 舌面音 j q x

(1) 列出用于讲解和领读的组合，通过示范进行比较说明

jī qī xī
jū qū xū
(jū qū xū)

j 和［じ］开头部分的辅音近似，都是舌面塞擦音。发音时先用舌面的前部抵住硬颚，阻住气流，然后让气流从舌面和硬颚之间的窄缝挤出，摩擦成音。J 和［じ］的辅音基本在同一音位变体的范围之内，［じ］是浊辅音，发音部位比 j 略为靠后，声带震动，j 虽是清辅音，但和 i 一起发音时从声带是否震动的角度很难与［じ］区别。教授时如果对两者的差异强调过分，反而会使学习者无所适从。

q 是送气音，除了送气之外，发音方法和部位与 j 相同。q 虽然和［ち］开头部分的辅音近似，但是发［ち］的辅音时，发音过程的前半就有摩擦，比发 q 的时候阻住气流的时间短。因此，可指导学习者从发［ち］开始，稍微延后开始摩擦的过程。不过这只是个自然度的问题，即使不做延后的调整，两者的实际发音也在同一音位变体的范围之内。

x 和［し］开头部分的辅音都是擦音，两者极为近似，但 x 的发音部位和

j、q一样，都是舌面和硬颚，[ɕ]的辅音稍微靠前，接近牙床。由于这一原因，初学者刚发 x 时，常有开口度较小，摩擦面积增多的现象。多做"jī、qī、xī 连读、舌位不动"的练习可以纠正这一现象。x 和[ɕ]的辅音也在同一音位变体的范围之内。

作为承上启下的内容，在讲解 j、q、x 之后，最好补充说明以下两点。

一、这三个辅音后面的 i 是发音和[イ]近似的基本元音，和 z、c、s 后面的[-i]不同。汉语里还有一个[-i]，后面将要学到。

二、j、q、x 不能和 a、o、e、u 等其他元音构成音节(所以 j、q、x 后面的 ü 可简写为 u)；g、k、h 不能和 i、ü 构成音节，和日语不一样。

(2) 进行纵列领读。即按箭头方向领读。

jī ↓ qī ↓ xī ↓
jū ↓ qū ↓ xū ↓

(3) 列出分散的声母和韵母，让学习者自己拼读。

j+ī　q+ū　x+ī
j+í　q+ù　x+ì
j+ǔ　q+í　x+ú

(4) 实用练习

jī	jí	jǐ	jì	qī	qí	qǐ	qì
鸡	级	几	记	七	骑	起	气
ニワトリ	級	幾ら	覚える	七	またがる	起きる	気休

xī	xí	xǐ	xì	jī jí	qī xī	jù tǐ	xǐ jù
西	习	洗	细	积极	七夕	具体	喜剧
西	習	洗う	細い	積極	七夕	具体	喜劇

qí jì	jī qì	jí hé	qí tā	jì de	jì lù	xī fú	jì dù
奇迹	机器	集合	其他	记得	记录	西服	嫉妒
奇跡	機器	集合	その他	覚える	記録	スーツ	嫉妬

3.5.5 舌尖后音 zh ch sh r

(1) 列出用于讲解和领读的组合，通过示范进行比较说明

```
zhā    chā    shā    rā
zhū    chū    shū    rū
zhī    chī    shī    rī
```

日语没有与这一组声母类似的辅音，牵强附会的比较反而会引起混乱，不过利用已经学过的其他声母等，可以进行间接的比较说明。比如在这一阶段，学习者已经接触或掌握了 zā 的发音，z 是舌尖前塞擦音，发 za 时舌尖抵住口腔的前部(上齿背)，然后让气流挤出，摩擦成音。zh 是舌尖后塞擦音，发音时舌尖要抵住口腔稍后的部位(硬颚)，在做过 zhā 的发音示范后，引导学习者发 zā 以后把舌尖向后移，接触硬颚，再和 a 拼读，即可发出 zhā 音。舌尖要由前向后移动，接触硬颚，自然略为卷起，这就是"卷舌音"这一名称的由来。用同一办法，还可以引导学习者从 cā 出发，练习掌握 chā 的发音，从 sā 出发，练习把握 shā 的发音等。

在进行 zhī、chī、shī、rī 的练习之前，应该说明，zh、ch、sh、r 后面的 [-i] 是另一个舌尖后元音(国际音标记作[ʅ])，既不同于基本单元音 i，也不同于 z、c、s 后面的舌尖前元音[-i]。这两个 [-i] 都不单独使用，也不能和其他声母组合。由于 [-i] 不单独使用，示范 zhī、chī、shī、rī 的时候一起读出，使学习者听清它和 i [イ] 完全不同就可以了。

rā、rī、rū 的讲解和练习，可以从 shā、shī、shū 出发。sh 是舌尖后清擦音，r 是舌尖后浊擦音，两者最大的区别在于发 sh 时声带不震动，发 r 时声带震动。可以引导学习者在发 shā 等的状态下使声带震动。

(2) 进行纵列领读。即按箭头方向领读。

zhā ↓ chā ↓ shā ↓ rā ↓

zhū ↓　chū ↓　shū ↓　rū ↓

zhī ↓　chī ↓　shī ↓　rī ↓

(3) 列出分散的声母和韵母，让学习者自己拼读。

zh＋ē　ch＋ē　sh＋ē　r＋ē

zh＋á　ch＋è　sh＋ú　r＋ā

zh＋ǔ　ch＋ā　sh＋è　r＋ì

(4) 实用练习

zhā	zhá	zhǎ	zhà	chā	chá	chà
扎	炸	眨	炸	插	茶	差
刺す	油で揚げる	目を瞬く	爆発する	挿入する	お茶	劣る

shā	shá	shǎ	shà	zhī	zhí	zhǐ
杀	啥	傻	厦	知	直	纸
殺す	何	バカ	大きな建物	知る	まっすぐ	紙

zhì	chī	chí	chǐ	chì	shī	shí
制	吃	迟	齿	赤	师	石
製	食べる	遅い	歯	赤	師	石

shǐ	shì	rì	zhī shi	zhī chí	chì zì	
使	是	日	知识	支持	赤字	
使う	です	日	知識	支持する	赤字	

qì chē	dì zhǐ	shì shí	rì jì	zhá jī
汽车	地址	事实	日记	炸鸡
自動車	住所	事実	日記	フライドチキン

3.6 复元音(韵母) 鼻元音(韵母)教学

3.6.1 复元音是由单元音和单元音组合构成的,又叫复元音韵母。鼻元音是由单元音或复元音与 n 和 ng [ŋ] 两个鼻辅音构成的,又叫鼻音尾韵母。从性质上看,复元音和鼻元音都是元音和辅音的组合,而不是新的音素。换言之,它们是可以分解的拼读形式。不过,有一部分单韵母在复韵母中有读音变化,有的变成了另一个音位。因此,在教授复韵母时,应先把它们分成"没有读音变化的"和"有变化的"两大类。有读音变化的复元音、鼻元音是下面6个。

ei [ei] ie [iɛ] üe[yɛ] en [ən] eng[əŋ] ueng[uəŋ]

此外,3.2.2(王理嘉2005)谈到的 o 的读音问题,如 ao 读[ɑu]、iao 读[iɑu]等。对日语母语者来说,u 的读音没有问题,e 的 [e] [ɛ] [ə] 音也都比单元音 e 的[ɣ]音容易掌握, 所以,对这八个音,说明变化,示范领读即可。对其他复元音、鼻元音,则应让学习者作为拼读练习材料,先自行拼读,然后予以纠正。

3.6.2 复元音、鼻元音同日语的比较

复元音和鼻元音也可同日汉比较,如:

ai	ao	ou	ia	ie	ua	uo	üe	uai
アイ	アオ	オウ	ヤ	イエ	ワ	ウオ	ユエ	ウアイ

uei	iao	iou
ウエイ	イオウ	イオウ

an	ian	uan	üan	en	uen	in	ün	iang
アン	イエン	ウアン	ユアン	エン	ウエン	イン	ユン	ヤン

先行研究中有用假名标注复元音的做法,如小川郁夫(2006)等。本书的标法或略有不同。这类标注有提示读法的作用,不过由于假名的音节性质,日语部分的音长变长,而汉语的复韵母和鼻韵母尽管构成要素增加,但音长和单韵母一样,并不因构成成分多而变长。bā(八)中的 a 和 bāo(包)中的 ao、bān(班)中的 an、bāng(帮)中的 ang 的读音长度是一样的。这一点需要提醒学习者注意。

3.6.3 前鼻音与后鼻音的区别

an 和 ang、en 和 eng、in 和 ing 等界限模糊，发音时难以区别，这不仅是汉语二语教学中的问题，在中国国内的普通话教学中也同样存在。日语里有 an［アン］、in［イン］等前鼻音音节，没有后鼻音音节，所以，常见的现象是前鼻音音节发得准确，后鼻音音节的发音向前鼻音靠拢，以至模糊了两者的区别。纠正这一现象的关键是掌握好开口度。先让学习者参照［アン］［イン］等读准前鼻音音节，然后让他们尽量张开嘴，用最大的开口度读后鼻音音节，即可把两者区分开。后鼻音韵母实际读音的开口度并未到最大，但是先用开到最大的方法进行练习，待学习者掌握了和前鼻音韵母的区别后，会自然地恢复到合适的程度。据我们的长期观察和教学实践，由于没有方言的影响，通过这样的练习，日语母语者对前鼻音与后鼻音区别的掌握，一般好于中国国内某些方言区(如吴方言区)的汉语母语者。

3.7 音变和儿化教学
3.7.1 变调

音变是每种语言里都存在的语音现象，大致可分历史音变和共时语流音变两种。历史音变已经固定为词的形式，不在语音教学的范围之内，语音教学要教的是受邻音的影响发生的语流音变。为让学习者理解音变的性质，在讲解汉语的音变之前，最好先简单地涉及一下日语的音变。日语常见的语流音变有"一音变"，如［一回・いっかい］［一度・いちど］等、"浊音变"，如［鶴橋・つるはし］［心斎橋 しんさいばし］等。音变的范围所及，远远大于现代汉语普通话。汉语的音变有"一"变调、"不"变调、第三声变调、"啊"音变等四种。语流音变发生的根本原因是为了发音顺畅，避免相邻音发音部位和发音方法不自然衔接，即使不变，一般也不会对意义传达和理解造成影响。如同在电梯里对站在按钮附近的人用口语说［二階・さんがい］时，即使说成［さんかい］，也不会被误解为［三回］。因此，变调充其量是一个标示自然度的指标，而不是对错的问题。

"一""不"的变调需要讲解说明，而第三声的变调，是发音器官的自然调整，如果不是故意，语流中很难容忍第三声连读以及第三声作为头一个音节(如"你好・nǐhǎo、语言・yǔyán")的排列，前者都会自然地变为第二声、半三声。与此类似的还有去声的变调，在自然语流中"第四声+第四声"的连续(如"再见·zàijiàn、下课·xiàkè"都会自然地变为"半四声＋第四声"。一般的教科书都不提及第四声变调的内容，可见这是一种不言自明的发音器官的自然调整。

3.7.2 "啊"音变

语气词"啊"出现在句尾时总是和前面的音节发生"增音"音变，产生一种"啊"不读"啊"的现象。这种音变和第三声、第四声的变调不一样，不是发音器官自然新形成的，如不讲解示范，学习者很难把握，而"啊"又是现代汉语普通话里常用的语气词，如果不知道"啊"音变的规律，会产生一系列不自然的读法，影响汉语表达的自然度。因此，"啊"音变是音变中相对重要的内容。"啊"的具体变化，主要有六种类型。

(1)出现在 a、o、e、i、ü 后时变为 ya，也可以用"呀"表示，用"啊"表示时，也应读 ya。如：

今天的风可真大啊(ya)！
看熊猫的人真多啊(ya)！
这是谁的新车啊(ya)？
都十点了，你怎么才起啊(ya)？
原来她也喜欢吃鱼啊(ya)！

(2)出现在 u、ao、iao 后时变为 wa，也可以用"哇"表示，用"啊"表示时，也应读 wa。如：

你看的是什么书啊(wa)？
这幅画画得真好啊(wa)！
你的衣服是不是有点儿小啊(wa)？

(3)出现在 n 后时变为 na，也可以用"哪"表示，用"啊"表示时，也应读 wa。如：

你们有没有什么困难啊?

(4) 出现在 ng 后时变为 [ŋa]，用"啊"表示。如：

　　快听啊! 那个孩子唱得太好了!

(5) 出现在 zi、ci、si 后时变为 [za] (z 不是汉语拼音的 z，是国际音标，读音若汉语拼音 r 的舌尖音)，用"啊"表示。如：

　　你写的这是什么字啊?

(6) 出现在 zhi、chi、shi yi 后时变为 [ra] 用"啊"表示。如：

　　是啊，我就是从日本来的留学生。

日本到目前为止的汉语语音教学不够重视"啊"音变的教育，一些教师和教科书的ＣＤ一律读 a，有些课文会话里也有类似"看电视呀""你每天几点钟起床哪"等不符合"啊"音变规律的用法。

3.7.3 儿化

儿化又称儿化韵，是汉语特有的音变现象，其来源或许是一个词的后面加上有表小巧、可爱义的"儿"，但在现代汉语里，"儿"已经不成音节，只代表一个卷舌的动作。日语标准语里没有与儿化类似的语音现象，不过一部分具有小巧、可爱色彩的儿化词，如"花儿、画儿、话儿、小孩儿、小脸儿、小狗儿、宝贝儿、面条儿、汽水儿、皮儿、词儿"等的"儿"，在语体色彩上，与日语的［お酢］［お醤油］［お花］一类说法中的［お］有近似之处。

儿化的教学最好和卷舌韵母 er 同时进行。日语里虽没有与 er 近似的音素，不过口语母语者单独发这个音并不困难，可是句尾的儿化韵，读音比它复杂，需要简洁的概括说明和示范。儿化韵的具体发音方法可以概括为五种：

(1) 音节末尾是 a、o、e、u 时，读完音节后加上一个卷舌的动作。如"花儿、上坡儿、唱歌儿、小猪儿"等。

(2) 复韵母、鼻韵母的韵尾是 i、n 时，以往的概括认为是去掉 i、n，主要元音卷舌，拙作(2004，2006)也采用了这一说法。但这一说法在理解和操作上都不易和(1)区分,仔细辨听这类儿化韵的读法,韵尾并未完全去掉,仍有部分残留。如"小孩儿"的"孩儿",和"哈儿尔滨"的"哈儿"的读法并不一样;"一半儿"的"半儿"和"把儿"也有差别,。因而,认为是韵尾变弱后与主要元音一起卷舌比较符合实际,也容易把握。

(3)韵母是 in、ün 的,去掉韵尾的 n,加上 er[ər]。如"脚印儿""合群儿"。

(4)韵母是 i、ü的,加上 er[ər]。如"黄豆粒儿""不知趣儿"。(3)(4)儿化后的读法一致。

(5)zi、ci、si 和 zhi、chi、shi、ri 儿化时,以往的概括认为 [-i] ([ɿ]) 和 [-i] ([ʅ])变成 er[ər],拙作(2004,2006)也采用了这一说法。但仔细辨听这类儿化韵的读法,[-i] ([ɿ]) 和 [-i] ([ʅ])仍有部分残留。因此,应修改为"[-i] ([ɿ]) 和 [-i] ([ʅ])弱化后儿化"。如"忘词儿""出事儿"。

(6)鼻韵母 ng 儿化时,去掉韵尾,加上鼻化(即发音时产生鼻腔共鸣的) 的 er[ər]。如"亮光儿""酒瓶儿"。"光儿"和"瓶儿"的实际音值仍有细微差别,"瓶儿"的舌位略靠前。这是 ng 前面的 a 和 i 的区别造成的。不过这一差别教学中可以忽略不计。

第4章 语法教学

4.1 语法教学的目的及本章的构成

对于语言体系,传统语言学有一个有名的比喻,把语言比作建筑物,词汇是建筑材料,语音是这些材料的名称,语法是把这些材料按照一定的结构建成建筑物的方法。如果往这个比喻里再加上后起的语用学,也就是本书所说的表现的话,表现就是建筑物的不同样式。不知道建筑材料的名称,难以收集这些材料,不掌握大量的词汇,只能搭架茅檐陋舍。但是即使熟稔材料的名称,又有了大量的建筑材料,却不知道建筑方法的话,也盖不出高楼大厦。通过这个比喻不难看出,语法的性质及其在二语教学和习得过程中的重要性。成人学语和幼儿学语的最大区别,就在于他的头脑里储存着一整套已经被无数次证明过的行之有效的建筑方法,在学习新的建筑方法的时候,他不可避免地一定要同头脑里的方法进行比较,如果新的方法和头脑里的方法相同或者近似,他会欣然接受;如果不同,他一定要问为什么,直到搞清理由、完全理解为止。语法教学的终极目的,就是把对象语的语法规则同学习者母语的语法规则进行比较,归纳两者的同异点,对不同点做出"为什么要这样,不能那样"解释。

现代语言学的发展,特别是认知语法学的兴起,为实现这一终极目的提供了越来越多的可能性,先行研究中也有很多堪称典范的说明和解释。仅限于读者多次拜读又在教学中经常参考的,就可举出刘月华・潘文娱・故韡(1982, 2002)、杉村博文(1994)、相原茂・石田知子・戸沼市子(1996, 2016)、郭春贵(2001, 2014, 2017)、上野惠司(2002)、高橋弥守彦(2006)、古川裕(2008)、丸尾誠(2010)等。本书拟在先行研究的基础上,以"进行比较、找出异同、解释原因"为目标,尽量避免止于诸如"汉语一般应该如何如何"、"汉语要如何如何"的规定性的"不讲理"的说法,重点对比、讨论几个语法教学中的重要问题,尝试做出解释,并根据自己的经验,提出仅供参考的教学建议。

毋庸讳言,我们现阶段尚不能完美解释的语法现象还有很多。对还不能完满解释的,也如实提出,以期引起思考,得到指教。

4.2 "A是B"=「AはBです」?

一般的语法教学都配以自我介绍等会话场面，从基本判断句——"是"字句开始。除了汉语的"A是B"日语说「AはBです」之外，好像没有其他差别。其实不然，即使是简单的自我介绍，如果注意观察，也会发现说「田中一郎です」的人比说「私は田中一郎です」的人多。而汉语只能说"我是田中一郎"，不说"是田中一郎"。这和汉语"从旧到新"的信息排列原则有关。如果不限于自我介绍，把观察视野扩大到所有用"是"和「です」的句子，还会发现它们有下面的差别。

1. "是"能单独成句，「です」不能。同样，"不是"也能单独用，而「ではない」的独立性很弱。

2. 判断数量的"是"可以省略。如"今天(是)15号"、"大后天(是)星期几"、"现在(是)11点半"、"我今年(是)大学2年级""标准间一天(是)345元"等。这是由于汉语的数量组合具有一定谓词性，在表肯定判断的情况下，可以做谓语，但是数量词组没有自己的否定形式，所以，在表否定的判断时，又离不开"不是"。日语的数量成分也有微弱的谓词性，可以在诸如「(この薬は) 1日3回、1回2錠」等一些数量对举的格式里脱离「です」做谓语，但在其他表数量判断的格式里「です」不能省略。

"是"能单独成句以及能省略的原因都因为它是一个独立的动词，而「です」是表判断的助动词，离不开判断的对象和内容。不过作为判断助动词，它也有"是"不具备的用法和功能。

3. "是"没有「です」表示提示、强调的「なのです」用法。如：
   (1)彼が妹の彼氏なのです。
       他(?就・?才)是我妹妹的男朋友。
   (2)正しいと考えたからしたのです。
       ? 因为是考虑到了正确。

4. "是"没有「です」代替其他动词表示动作、状态的用法。如：
   (3)お嬢様もご一緒ですか。
       ? 您女儿也是一起吗？
   (4)あの本は左側の本棚ですね。
       ? 那本书是左边的书架吧。

5. "是"没有「です」表广义判断的用法。如:

(5)(ビーチバレー) こいつと組むんじゃなかった。

？(沙滩排球)不是跟这个家伙配对儿。

(6)お久しぶりです。何年ぶりです。

？是很长时间。是几年的时间。

严格地说,(3)-(6)的「です」的用法已经具有惯用表现的性质,不能简单地与"是"等同,不过,在初学者看来,这些都是和「今日はいいお天気ですね」一样,是使用频率很高的「です」的基本用法,如果在讲解"是"的基本用之后不做简要的对比说明,会影响到下一阶段的学习和翻译使用。

4.3 "有"是及物动词: "有"和"在"的教学

4.3.1 "在"和"有"混淆的原因

很多教科书都把"在"和"有"作为和「ある」、「いる」相当的存在动词,放在同一课或相邻课教授。用

物·人＋在＋处所

处所＋有＋人·物

的格式讲解区分这两个词的用法。但是,往往有一些初学者在很长一段时间内仍然混淆"在"和"有"的用法,理解不了何时用"在",何时用"有"的理据性。出现这种现象的原因在于"在"和"有"译成日语,无论是句法格式,还是动词,都和「ある·いる」相同,难以从日语出发,加以区别。根据长年的教学实践,我们对解决这一问题有两点建议:一是把"在"和"有"分开,不在一起教。二是分别确定教授两者的合理顺序。至于先教"在",还是先教"有",倒不是那么重要,我们还是建议先教"在"。

4.3.2 "在"的教学

"在"是与「ある·いる」相当的表存在的不及物动词(自动词),存在的主体放在它的前面做主语。"存在"就是人或物体位于场所的表面或空间的内部,所以,表存在的句子中一定出现表处所的成分。因为存在的主体做主语放在"在"的前面,处所性成分只能放在"在"的后面,构成"人·物＋在＋处

所"的格式。这一格式和日语的「人・もの＋場所＋ある・いる」相当，容易理解，也容易掌握。"在"的教学，宜采用动词"在"→介词"在"→副词"在"的顺序进行。虽然三者不宜都放在开始阶段教授，但在讲解后两者时，要说明它们之间的关联性。

4.3.2.1 教学步骤

1. 动词"在"，表人或物存在于某处，一般认为和「ある・いる」相当，但更准确地说，是和「（場所に）ある、（場所に）いる」相当。如：

(1) 我在北京。

(2) 中国在日本的西边。

为避免与"有"的混淆，对动词"在"的用法应该着重强调，存在者・存在物是主体，也是叙述的起点，总是放在句子的开头做主语。

2. 介词"在"，表动作的处所或时间范围。相当于「（どこ）で（～する）、（いつ）に（～する）」。表时间的用法是表处所用法的引申，因为在认知上，时间范围也可以看作是一种抽象的进行动作的空间。介词"在"是由动词"在"虚化而成的，两者之间有关联。如：

(3) 我在北京。→我在北京工作。

(4) 请在9月30日之前办理入学手续。

"工作"这类动词，译为含相对静止稳定义的「勤めている」时，"在"相当于「に」；译为动作性较强的「働いている」表示时，"在"相当于「で」。

3. 副词"在"，表处于某种动作状态，是由介词"在"去掉后面的处所之后虚化而成的。相当于「（どこで）～している（狀態にある）」。如：

(5) 我在503教室。→我在503教室上课。→我在上课。

(6) 山本和同学们在餐厅。→山本和同学们在餐厅吃饭。→山本和同学们在吃饭。

4.3.2.2 介词"在"的误用及防止

在尚未教"有"的阶段，动词"在"不会出现源于理解的误用。介词"在"经常出现以下误用。

1. 在做主语的处所・时间性成分后加"在"。如：
　　*(7) 今天在这个超市东西大减价。
　　*(8) 在星期天我有时候洗衣服，有时候上网、看电视。
　产生这类误用的原因是日语这种句子里的「このスーパー」的后面可加「で」，「日曜日」可后加「に」。为了防止这类误用，可以在强调介词"在"后的成分只是动作的场所或时间，不是动作者的基础上，进一步说明(7)的"超市"是"大减价"的主体、(8)的"星期天"是话题，即是在说我"星期六做什么，星期天做什么"时的话题，译成日语时，它们的后面都可以加上表话题的「は」，说成「このスーパーでは、日曜日は」等，并不是单纯的处所和时间。

2. 在应该用"在"的表抽象的动作处所的成分的后面不用。如：
　　*(9) 她___电视里学会了做这个菜。
　　*(10) 这个新词我是___网上知道的。
　产生这类误用的原因是有人把日语这种句子里的「テレビ」和「ネット」认知为途径或工具，而不是动作者所在的处所。实际上(9)的"她"和(10)的"我"也没在"电视里"和"网上"。为了防止这类误用，应强调"在"的成分是动作进行的场所，不一定是动作者存在的场所，而动作的处所也包括抽象的处所。

4.3.2.3 副词"在"的误用及防止
　副词"在"的误用和后面要谈到的时态助词"着"有关，主要表现为应该用"在"时用"着"或者相反。如：
　　*(11) 我上着网，有什么事吗？（转引自郭春贵2017）
　　*(12) 他一边儿在洗碗，一边在听收音机。（同上）
　这是一个长期未能完满解决的问题。泽田启二(1983)经过对大量的汉日语对译语料的考察后提出，"'在V'是与'是'共存的主体表现，'V着'是与'地'共存的客体表现"。吴丽君等(2002)认为，"在"表判断，"着"表描写。郭春贵(2017)认为，有意识地进行某种动作时，应该用"在"等。这些论述各有精到之处，但在二语教学中不易把握，特别是不易为非汉语母语的学习者把握。受「～ている」的影响，日语母语者喜欢用同是放在动词后面的"着"，而"V着"并非现代汉语口语里表动作正在进行的常式，即使是一些用"着"相对自然的形式，如郭春贵(2017)的(12)，也可以说"他一边儿洗碗，一边听收音机"。为此，我们主张在初级阶段采取一个相对简单的办法，就是强调副词"在"的由介词"在"去掉后面的处所虚化而成的来源，在口语里表「誰がどこで～をしているという状態にある」的意义时都用"在"，只在表"方式、状态持续"时用"着"。

4.3.3 "有"的教学

每个词都有它的原型(prototype)，尽管为便于学习者理解和掌握以及考虑教学内容的前后关联，教学上的原型可以和历时或共时的原型不一致，我们主张教"有"的时候，仍从它的原型即"领有"教起。"有"的"领有"相当于日语的「持つ・持っている」，而「ある」、「いる」不是它的原型语义，不宜先教"有"的这一语义。很多汉日词典对"有"的第一义项的解释是:「ある、いる、持っている」，作为辞书，这未尝不可，但教学上采用这样的方法，则容易引起混乱。从"有"的原型教起，可按下列步骤进行:

1. 表"领有"，是及物动词，带宾语。

   a. 保有具体物品，保有的主体是人。和「持っている」的用法相同，但也不排除用「ある」。如:

   (1)我有一个电子词典。

   (2)你有没有北京市的地图？

   b. 占有时间、关系等抽象事物，占有的主体是人，仍可按「持っている」的用法理解，但转向使用「ある・いる」。如:

   (3)这个星期天你有空儿吗？

   (4)她有姐姐，没有弟弟。

c. 带有某种事物，带有的主体是人或物，可按「持っている」的意义理解，但多用「ある」。如：

　　(5) 他有病了，今天没来上课。

　　(6) 老师，我有一个问题。

　　d. 拥有物体或人。拥有的主体具有场所或空间特征。可按「持っている」的意义理解，但难以直接使用，以用「ある・いる」为常。如：

　　(7) 我是715房间，请问，服务台有电熨斗吗？

　　(8) 我们学校有很多留学生。

　2. 表"附有"，是及物动词，带宾语。附有的主体具有场所或空间特征。"有"表某一场所的表面或空间的内部摆放或停留着物体或人。是"有"的「持っている」的原型语义的认知引申，即一般所说的"存在"。"附有"的语义难以直接使用「持っている」表示，只能用「ある・いる」。如：

　　(9) 桌子上有一本书。

　　(10) 教室里有几个学生。

　　从"有"的及物动词的性质出发，按照这样1的a→b→c→d→2的顺序讲解的话，学习者可以通过从「持っている」到「ある・いる」的过渡掌握它的用法，始终把握"他动（及物）"的本质，把被"保有、占有、带有、拥有"的成分放在宾语的位置（即"有"的后边）上，对"附有"的成分，也会做同样的处理。为避免与"在"的混淆，讲解"有"的所有用法应着重强调一点，就是被"保有、占有、带有、拥有"的成分是客体，也是叙事的终点，总是放在"有"的后面。

　4.3.4 与"在""有"相关的其他问题

　4.3.4.1 "在"字句主语的特定和"有"字句宾语的不特定

　　对动词"在"的和"有"表"附有"的用法，日语使用相同的动词「ある・いる」，所以，即使学习者掌握了"存在主体总是放在句首，做'在'的主语，被"保有、占有、带有、拥有"的成分总是放在'有'的后面做宾语的要点，也难免造出"△几个人在教室里"、"*教室里有张老师"一类的句子。可以通过说明汉语"已知·特定·旧信息＋未知·不特定·新信息"的语序排列规则防止此类误用。

4.3.4.2 方位性成分

使用"在"和"有"句子都离不开表方位的成分。汉语和日语的方位词基本对应，不是教学和习得的难点。但是日语名词的"场所性"比汉语名词高，很多名词可以借助「に」直接表处所，容易导致学习者使用汉语名词时的"负迁移"。如日语某些表自然物的名词和表"有承受平面"的物品的名词，都有下面的用法。

(11)お爺さんの家は山にある。

(12)スノーケリングの参加者は1日ずっと海にいる。

(13)本棚に本がある。

(14)庭に池がある。

受日语这些用法的影响，初学者也常说出"在山、在海"、"书架有书"、"院子有水池"等。应该说明，汉语除表地点、场所的名词之外，其他名词表场所时一定要加"上、下、里、外"等方位词。

4.4 汉日语名词的"数"

4.4.1 "一＋量＋名"结构

和英语的名词不一样，汉语和日语的名词都没有数的语法范畴，名词表单数和复数时，都没有词尾变化。但这不等于两种语言的名词在表和数相关的意义时用法一样。恰恰相反，它们在用法上有着很大的差异，这集中在"一＋量＋名"结构上。如下面的说法，汉语和日语都不一样。

(1)a：何を飲みますか。　b：コーヒーを下さい。
　　a：喝点儿什么？　　　b：给我<u>一杯</u>咖啡吧。

(2)前からタクシーが来た。

　　　　前边儿来了一辆出租汽车。

(3) 彼は犬と猫を飼っている。
　　　　他养着一条狗和一只猫。

(4) むかしむかし、あるところに、おじいさんとおばあさんが住んでいました。
　　　　很久很久以前，在某个地方住着一位老爷爷和一位老奶奶。

　　在这四组例子中，日语的前面都没有修饰成分，而汉语与之对应的都是"一＋量＋名"结构。例句中的"咖啡、出租汽车、狗、猫、老爷爷、老奶奶"都是明显的单数，按理说没有必要用"一＋量"来表示数量。但是，(1)－(4)的汉语句子如果说成：

　　(5) a：喝点儿什么？　　　b：给我咖啡吧。
　　(6) 前边儿来了出租汽车。
　　(7) 他养着狗和猫。
　　(8) 很久很久以前，在某个地方住着老爷爷和老奶奶。

则都不自然。同样，如果把(1)－(4)的日语句子说成：

　　(9) コーヒー一杯を下さい。
　　(10) 前から一台のタクシーが来た。
　　(11) 彼は1匹の犬と1匹の猫を飼っている。
　　(12) むかしむかし、あるところに、一人のおじいさんと一人のおばあさんが住んでいました。

也同样不自然。这说明，汉语的名词和日语的名词在数量蕴涵上不一样，日语的名词蕴涵着［＋1］，表单数的事物时，不需要数量成分；而汉语的名词不蕴涵数量，或者说其数量蕴涵是［0］，即使是表单数的事物，也需要加"一＋量"。

4.4.2 "一＋量＋名"结构的教学

"一+量+名"结构是汉语名词的基本结构,从初级阶段的基本句型和日常会话开始,直到高级阶段的复杂表现,贯穿在汉语教学和习得的始终,应该引起足够的重视。它主要和下面几种格式有直接关系。

1. "有"字句

日语母语的学习者说的"桌子上有书、汽车里有人"一类的句子,好像和日语的「机の上に本がある」、「車の中に人がいる」完全对应,没有问题。但实际上他们想说的,是"桌子上有一本书、汽车里有一个人"。由于不知道汉日语名词数量蕴涵的差异,说的貌似正确,实际上一种日语式的中介语。类似的错误,在一些日常会话中也常听到。如:

(13)老师,我有问题,可以问吗?

(14)我的老家有山,叫足立山。

(15)她有独生女。今年24岁了。

按照日语名词的用法来衡量,这三个句子一点儿问题也没有,但是自然的汉语说法,应该是"我有一个问题、我的老家有一座山、她有一个独生女"。对于(14)(15)这类表世界上唯一事物的名词前面的"一+量",如果不从名词的数量蕴涵的角度讲解,学习者是很难理解的。

2. "点菜句"

"点菜句"是我们从实用的角度概括的一种句型,其具体形式有"请给我~""来~""我要(买·订)~"等,主要用于点菜、买东西、订票、订房间"等。下面是学习者常说的这类句子。

(16)请给我麻婆豆腐。

(17)请给我来炒饭。

(18)(在飞机上)对不起,请给我毛毯。

(19)我买明天去上海的高铁票。

(20)我想订单人间。

不用说,这些句子在具体的语境中也会达到说话的目的,不至引起误解,但是很明显,都不是汉语自然的说法。因为汉语的名词本身都不含数量,所以必须说"一个麻婆豆腐、一个炒饭、一条毛毯、一张明天去上海的高铁票、一个单人间"。在(19)的语境里，这样说过之后，对方很可能要问"买几张？"我们在长期的教学以及同日语母语的汉语使用者的接触中注意到，使用(16)－(20)这类"点菜句"的人数很多，且很难纠正。可见日语名词的［+1］蕴涵的影响之大。

3. 双宾语句

双宾语句的类型很多，和初中级阶段的汉语二语教学关系密切的，主要是与日语表「授受関係」的说法相当的使用"给(动词"给"和介词"给")"的说法。下面是从学习者的练习和会话中纪录下来双宾语句。

(21)我 20 岁生日的时候，女朋友送给我领带。

(22)服务员，请你给我筷子。

(23)到中国以后，你马上给他发邮件吧。

(24)李经理回来以后，请他给我打电话好吗？

为什么不说"一条领带、一双筷子、（一）个邮件、（一）个电话"就不自然？广而言之，为什么表单数事物的远宾语前需要"一＋量"？长期以来，不仅在教学上，在语法研究上也没有定论。我们在王占华(2015)里详细讨论过这个问题，这里只针对教学层次上亟待解决的重点，提出名词数量蕴涵的解释，以资参考。

4. "位移句"

这里说的"位移句"是指"盛碗里一条鱼""来这儿一个人"一类句子。在语法研究上，认为这是一种间接宾语（即"碗里、这儿"）表跟行为动作相关的人或事物位移终点的处所的双宾结构。因为不在教学上，特别是初、中阶段教学上一般说的双宾语句的范围之内，所以，我们将其单列出来，姑且称为"位移句"。陆俭明（1988）指出，这种句子里的直接宾语一定得带数量成分，即使表示的事物是单数，也得加上"一＋量"，否则句子就不能成立。例如没有"一条"、"一个"，"盛碗里鱼""来这儿一个人"就不能成立。这种句子也有一定的实用性,如学习者的练习里的下列句子,都是日常生活中常见的。

(25)他装书包里书。(他装书包里一本书。)
(26)我存手机里电话号。(我存手机里一个电话号。)
(27)村上寄放服务台旅行箱。(村上寄放服务台一个旅行箱。)

陆俭明(1988)认为,这是一定的语义范畴(即数量范畴)对一定的句法结构所起的制约作用,但是未谈及数量范畴为什么有这种制约作用。沈家煊(1995)用有界(bounded)、无界(unbounded)的理论解释这一现象。认为光杆名词(如"书、电话号、旅行箱"等)是无界的,而"装、存、放"这类动作是有界的,无界的名词跟有界的动作不相匹配,所以不能说。

"有界"和"无界"是认知概念。使用不同母语的人的认知结果,虽然要借助不同的语言形式反映出来,但是,对于自然界的同一事物,比方说"鱼""石头"、"人"、"钱包"等,很难说母语是汉语的人认为是"无界"的,而母语是日语的人认为是"有界"的。

但是语言事实是,尽管他们列举的汉语都不能说,但是与之对应的日语都能说。如:

(28) *盛碗里鱼
　　　碗に魚を盛る。
(29) *扔河里石头
　　　河に石を投げる。
(30) *来这儿人
　　　ここに人が来る。
(31) *掉地上钱包
　　　地面に財布を落とす。財布を地面に落とす。

张麟声(2001)认为,汉语的"一＋量"具有与英语的不定冠词a类似的语法功能。但是很明显,汉语名词前需要这个"定冠词"的条件还需要更准确细致的概括。除了上述研究之外,大河内康憲(1985)、孙朝奋(1994)、史有为(1997)、中川正之·李浚哲(1997)、古川裕(2001)等也讨论过这个问题。限于本书的性质,这里不能做更多的引述和评论。

我们认为，在教学上，从汉日语比较的角度，采用"日语名词是'有数'名词，蕴涵着［＋1］，所以表单数事物时，不需要数量成分；而汉语的名词是'无数'名词，不蕴涵数量，所以，即使是表单数的事物，也需要'一＋量'"的解释，学习者容易理解，又能接受，是切实可行又行之有效的办法。

4.5 "的"的教学以及同「の」的比较

4.5.1 结构助词"的"和日语的「の」在功能和用法上有很多相近之处，一般不作为教学的重点。不过，如果把考察和教学的范围扩大到中、高级的实用层面，对两者进行比较，概括异同，还是十分必要的。

4.5.2 "的"＝「の」

"的"和「の」在下面几种情况下的用法基本一致。

a. 名词或代词做定语，表领有。

图书馆的书　　图書館の本
弟弟的自行车　弟の自転車
我的手机　　　私の携帯電話
谁的责任　　　誰の責任

b. 名词做定语，表内容。

使用方法的说明　使用方法の説明
台风的消息　　　台風のニュース
旅行的时间表　　旅行のスケジュール
考试的注意事项　試験の注意事項

c. 名词或代词做定语，表时间。

以前的朋友　　以前の友達
今天的报纸　　今日の新聞
什么时候的事儿　いつのこと
毕业后的打算　　卒業後の計画

d. 名词或方位词做定语，表场所。
  熊本的地震 熊本の地震
  美国的牛肉 アメリカ産の牛肉
  前边的人 前の人
  东边的房子 東側の建物

e. 名词做定语，表材料、规格等。
  不锈钢的叉子 ステンレス製のフォーク
  人造纤维的T恤衫 化学繊維のTシャツ
  中号的旗袍 Mサイズのチャイナドレス
  低年级学生的词典 低学年の辞書

疑问代词"什么"只有在问材料时，才能和"的"组合，如"这是什么的衣服？＝这件衣服是用什么面料做的？"，其他情况下，后面不能有"的"，和日语的「何」不一样，此外，疑问代词"几"也不能和"的"组合，构成"几+的+名词"的格式，和日语的「いくら」也不一样。对此，我们没有找到很好的解释，在目前的教学中，只是做硬性规定式的说明。

4.5.3 汉语用"的"，日语不用「の」
a. 形容词或以形容词为中心的偏正词组做定语：
  聪明的孩子 賢い子供
  高兴的时候 嬉しい時
  漂亮的礼物 きれいなプレゼント
  非常好吃的菜 非常においしい料理

由于日语的形容词、形容动词有直接修饰名词的词尾变化形式（「連体形」），再加上汉语的一部分形容修饰名词的组合，由于经常用同一认知视点认知的原因，已经形成了相对固定的格式，呈现出"词汇化"的倾向，中间的"的"可以省略。（张敏1998 等）如"新书、老实人、重要问题、幸福生活、方便条件"等。导致很多学习者，其中不乏中高阶段的学习者在使用形容词做定语时，不加"的"，或感到加不加"的"难以判断。对此，我们建议在初级阶段，采用一律要求加"的"的教法,进入中高级阶段后,再逐渐增加不加"的"用例,通过分析,让学习者自己体会认知视点对用不用"的"的影响。

　　这样做的理由有三个。一是不加"的"组合都可以加上"的"而意义和自然度不变。如"新的书、老实的人、重要的问题、幸福的生活、方便的条件"等。二是以形容词为中心的偏正词组做定语时,一定要用"的",即使是惯常认知视点的修饰,"的"也不能省略。三是不用"的"的格式不能类推。如"新书"可以说,但"贵书、新笔"不自然;"老实人、重要问题、幸福生活、方便条件"可以,但"认真人、重要意见、不幸生活、不便条件"等都不自然,而很难说能说的组合和不能说的组合的认知视点有什么不同。

　　b. 动词或以动词为中心的偏正词组做定语:
　　　　捡到的相机　　　拾ったカメラ
　　　　学的专业　　　　専攻している専門
　　　　正在看的书　　　読んでいる本
　　　　走过的路　　　　通り過ぎた道

　　和形容词定语的情况类似,由于日语的动词有直接修饰名词的「連体形」词尾,所以,学习者的这类组合也常常不加"的"。因为除了一部分兼属动词和名词的双音节词做定语(如"休息时间、参考资料、奖励规定、宣传手段"等)时可以不用"的"之外,动词和动词性词和中心语之间如果没有"的",两者的关系就变成了动宾结构。如:"捡到相机(カメラを拾った)、学专业(～専門を専攻している)、正在看书(本を読んでいる)、走路(道を歩く)"等。所以,教学中应强调加"的"的重要性并尽量多设计日译汉类型的练习加以巩固。

　　较高阶段的学习者的这类结构,还会出现动态助词和"的"同现的情况。如"捡到了的相机、正在看着的书"等或有无动态助词的格式交互使用的现象。如:

　　(1) 天气突然变冷,感冒的人很多。感冒了的人最好在家休息。
　　(2) 老师给我改了好几个写错了的字,说"写错的字都是简体字"。
　　(3) 丢了的自行车不容易找到,可以我丢的自行车找到了。

　　这种现象比较复杂,和动词的语义特点、动词后有无补语、语境和说话人的意志等有关。(见王占华 2015)我们主张在教学中不深究这个问题，对两种形式都容忍。

4.5.4 汉语不用"的"，日语用「の」
a. 名词或代词做定语，表身份。

同学高桥	同級生の高橋
朋友小李	友達の李君
经理佐佐木	社長の佐々木
汉语老师赵先生	中国語の趙先生

汉语的这类结构也称同位结构，认为定语和中心语的所指相同。日语也有「同格名詞連体」结构，但所指与此不尽相同(奥津 2004)。

b. 数量词组做定语，表合计数量。

五本书	5冊の本 ・本5冊
三张桌子	三台の机 ・机3台
几个留学生	数人の留学生
四十八台汽车	48両の自動車

4.5.5 日语用「の」，汉语"的"可以省略
a. 名词或代词做定语，表人与人之间的关系。

我妈妈	私の母
小张女朋友	張君のガールフレンド
他同学	彼の同級生
我们老师	私たちの先生

b. 代词做定语，表工作学习等所属的关系。

他们公司	彼らの会社
我们大学	私たちの大学
你们班	君たちのクラス

我国政府　　　　　　　我が国の政府

　这一类几乎所有的教科书都列入教学内容，但不作为教学重点。我们想说的是，"的"是一个"黏合剂"（古川裕2008），它主要用在不经常接在一起使用的两个成分之间，把它们黏结在一起。如果两个词的意义紧密关联，经常在一起使用，就不需要黏合剂了。因为汉语和日语不同，在本质上是一种"意合"的语言。「の」也有黏合剂的作用，它的粘结力更强、使用范围更广。和汉语相对，日语可以说是"形合"的语言，如果词的形式不是「連体形」，不论意义关系亲密与否，都需要「の」的黏结。反过来说，只要有「の」的黏结，意义关系很远的成分也可以构成一个定中词组。如：「古新聞の男」（看旧报纸的男人）、「餃子の王将」[做饺子(有名)的王将]、「洋服の青山」[(卖)洋服(有名)的青山]等。汉语的"的"没有这样的用法。「の」的神通广大的特点，导致学习者在很多情况下都用"的"，造成一些不自然的说法。整理"的"和「の」的关系，避免"的"的泛用、滥用，是本节的主要目的。

4.5.6 用不用"的"，意义不同

a. 苏州园林・苏州的园林　　　蘇州庭園・蘇州の庭園
　 日本茶　 ・日本的茶　　　　日本茶　 ・日本のお茶

b. 中国朋友・中国的朋友　　　中国人の友達・中国の友達
　 孩子脾气・孩子的脾气　　　子供のような性格・子供の性格

c. 一斤带鱼・一斤的带鱼　　　500ｇの太刀魚・一匹で500ｇの太刀魚
　 150 页书・150 页的书　　　本の150ページ・150ページの本

　a的用法汉日语基本一致，b、c的用法两种语言不对应，学习者觉得难以理解。我们主张仍使用粘合剂的说法，说明用"的"的是不常在一起使用的组合。

4.5.7 "的"的形式名词用法

　和「の」一样，"的"后的名词可以省略，构成"的字词组"，指代名词所

表示的事物。这一用法不难，不是教学的重点，和这一用法相关的，是表已经完成的动作的时间、处所、方式等的"是……的"结构。如：

(4) 我是昨天来的。

(5) 我是坐飞机来的。

(6) 我是走着来的。

(7) 我是从大阪来的。

(8) 我是和朋友一起来的。

(9) 我是自己来的。

教"是……的"结构，最好利用中介语式的日语直译，即「～したのです」，同时强调：不论在什么情况下，"的"必须紧贴动词，放在动词后面，即使是离合词，也必须紧贴动词后面，不能放在宾语的后面。这样可以避免常见的下列错误。

(10) 他是星期一去图书馆的。(他是星期一去的图书馆。)

(11) 我是在便利店买牛奶的。(我是在便利店买的牛奶。)

(12) 我是打电话订机票的。(我是打电话订的机票。)

(13) 爷爷是一个人去理发的。(爷爷是一个人去理的发。)

在近年的一些语料里，特别是大量的网络语料里，可以看到很多(10)－(13)一类的说法，但细考其上下文，大都是表达对主语加以判断的句子。如(11)要说的是"(别人都在超市买牛奶，但我和他们不一样，)我总是在便利店买"，也就是"我是在便利店买牛奶的(人)"。(12)也是这样，表达的是"我是用这样的方式订机票的(人)"。由此看来，一些包含"是……的"的格式是歧义结构，即：

我是打电话订机票的。

a. 私は電話で航空券を予約する。

b. 私は電話で航空券を予約したのです。(＝私は電話で航空券を予約した。)

a 是习惯性的行为，b 是一次性的动作，其中的"是……的"是个固定的构式，隐含着表动作完成的"了"。因此，表 a 义的句子可以用为始发句，做一组会话的开头，而表 b 义的句子只能用为后续句，做前面的句子的回答或呼应的部分。

4.6 "了1"的教学以及和「～た」的比较

4.6.1 说"了1"和「～た」分别是汉语和日语的最重要的语法成分也不过分，在两种语言的教学和习得的过程中，人们也总是有意无意地把它们等同起来。尽管"'了1'表动作的完成和实现，「～た」表过去"的说法已近劳老生常谈，但是由于「～た」的影响而造成的"了1"的误用仍然屡见不鲜。我们认为，这是由日语重视"时间"，汉语重视"实现"的两个语言体系的不同特点造成的。"了1"的教学，应该立足于此，从"了1"和「～た」的彻底比较开始。

4.6.2 "了1"（以下记作"了"）和「～た」的比较

a. 意义

"了"表某一动作的完了或实现，「～た」表过去。对"了"意义，需要强调四点。

第一点是"动作"，表动作的一定是动词，动词以外的词，如名词、形容词等，和"了"没有关系。

第二点，不是所有的动词都表示动作，还有表示其他意义，如心理状态、两个事物之间的关系等的动词。

第三点，过去的事不一定都是"完了或实现"的事。

第四点，是某一个动作的一次性完成，不是反复进行的动作，也不是经常性的动作行为。

由于对意义理解有误造成的误用常见的有下面几种。括号里是原因分析和纠错的理由，最好能让学习者自己说出。

(1) 暑假我去广州了，广州的风景很漂亮了。（「きれいだった」的负迁移。「きれいだ」不是动词。）

(2) 我奶奶是小学老师了。（「でした」的负迁移。「です」不是动词。）

(3) 她以前希望了当老师，现在希望当医生。（引自郭春贵 2001）「希望した」的负迁移。「希望する」是动词，但不表动作。）

(4)昨天他们都唱卡拉ＯＫ了，我没唱了。(「歌わなかった」「歌わなかった」的负迁移。「歌わなかった」是过去的事，但是「歌う」这个动作没完成。)

(5)高中的时候，我常常游泳了。(「よく水泳した」的负迁移。「よく～した」不是某个动作一次性的完成。)

(6)我们在西公园一边喝了酒，一边看了樱花。(引自郭春贵2001，有改动。)(「飲みながらは、花見をした」的负迁移。「～しながら、～した」是反复性的动作，不是某个动作一次性的完成。)

(7)我不常去方便店买东西，有时候去了。(「時には行った」的负迁移。「時には～した」是多次性的动作，不是某个动作一次性的完成。)

b.性质

"了"是独立的助词，既可以放在动词后边，也可以放在宾语的后边。有的时候，还可以省略，具有可选择性。「～た」是词尾，是词的一部分，只要是过去的事，就必须使用，不能省略，具有强制性。

"了"放在动词后边，表示具体动作的完成；放在宾语的后边，表示某个行为的实现。如：

(8)打电话她不在，我给她发了一个邮件。(完成了"发"这一动作。)

(9)我买了新手机，用它给大家发邮件了。(实现了"发邮件"的行为。)

"了"省略的例子如：

(10)我去银行的时候，银行已经关门(了)。

(11)a:昨天晚上你去哪儿了？b:去小陈家了。

　　a:去干什么(了)？　　b.去练习会话(了)。

c."动词＋了＋宾语"成立与否的解释

在"了"的教学中，有一个经常碰到、无法回避，但又难以解释清楚的问题，这就是光是"动词＋了＋宾语"作为句子不能成立的问题。这个问题的出现，也和「～た」的用法有关。具体的例子如：

(12)食べた。

　　吃了。(摘自王占华・有働彰子2003，下同)

(13) ご飯を食べた。

　?吃了饭。

(14) 私は本を読んだ。

　?我看了书。

(15) 私は『ノルウェーの森』という本を読んだ。

　　我看了《挪威的森林》这本书。

　　(13)(14)的日语都是最自然不过的说法，但是原封不动地译成汉语，都变成了不能独立的"半截句"，必须加上其他成分，才能成为完整自然的说法。如"吃了饭就去上课"、"我看了书才明白"等。能不能成立，和句子的长度似乎也没有关系。(15)比(14)增加了长度，自然能了，和(13)比，(12)减少成分，缩短了长度，也自然能说。目前为止的教科书，包括笔者自己参编的教科书，基本上回避这个问题。我们(2003)从信息价值、信息传达的准确率、句子内容和社会生活的关系等角度尝试解释了这个问题，但是并未成功，特别是未能回答教学中学习者心里的"为什么汉语不能说「ご飯を食べた」(吃了饭)"的问题。

　　这个问题的彻底搞清，或许尚需时日，我们现在的初步想法，是觉得它和4.4节谈到的汉日语名词的数量蕴涵有关。也就是说，出现在宾语位置上的，需要是一个有数量的名词，汉语的名词不蕴涵数量，光是"饭"或"书"满足不了这一要求，所以(13)、(14)不自然。(15)通过定语满足了这一要求，(12)撤销了这一要求，所以都是自然的说法。

　　这个问题的复杂性还在于，不是所有的宾语都必须有数量信息，在很多情况下，光是一个名词做宾语句子也是自然的。如"他通知了大家"、"我告诉了老王"、"女儿去了美国"等。很明显，具有不同语义特点的动词，对宾语有不同的要求。不过在一般教学层面上，没有必要进一步深究，解释说明到这一程度就可以了。

　　d. "了"和「～た」近似的用法

　　上面重点讨论了"了"和「～た」的不同点，在学习者了解了这些的基础上，还应该讲解它们的相似点。在表达下面的几种意义时，"了"和「～た」

的用法近似。

    a 过去动作完成，宾语里或动词前有数量成分等。如：

(16) 一昨日兄が手紙をくれた。

    哥哥前天来了一封信。

(17) 私はこの本を二日読んだ。

    我看了两天这本书。

    b 前一动作做完，就做后一动作，或出现后面的情况。如：

(18) 授業が終わったら、すぐ家に帰る。

    下了课就回家。

(19) 私は５分ほどＤＶＤを観たというのに、君は来た。

    我刚看５分钟ＤＶＤ，你就来了。

    c 假定某一情况发生。如：

(20) もし、桜が咲いたら、花見に行きませんか。（引自郭春贵 2001）

    如果樱花开了，我们就去看看，好吗？

(21) この仕事が完成したら、休みをとるつもりだ。

    这个工作做完了，我想休息休息。

4.7 "着"的教学以及和「～ている」的比较

4.7.1 仅就在汉语普通话口语里的使用频率来看，"着"只是一般的语法项目，如果从和「～ている」比较的角度来看，它则成为十分重要的教学内容。因为「～ている」（含「～てある」）在日语里使用频率高，分布范围广，日语母语的学习者对与其相当的汉语说法有极高的关心度，急于知道各种「～ている」用汉语怎么说。为此，我们主张先从「～ている・てある」的角度教"着"，把它同副词"在、正在"、语气词"呢"以及动词的零形式放在一起，归纳出两种语言表达这类语法意义的对应情况。教完这些之后，再讲解"着"的其他用法。

4.7.2 日语用「～ている」，汉语只能用"着"

4.7.2.1 动作者视点的主体存留

(1) あの人が道に倒れている。
　　那个人在路上倒着。
(2) ドアが開いている。
　　门开着。

4.7.2.2 处所视点的主体留存

(3) 椅子に老人が座っている。
　　椅子上坐着一个老人。
(4) ガイドさんの周りに多くの人が囲んでいる。
　　导游的周围围着很多人。

4.7.2.3 处所视点的客体留存

(5) 道の両側に木が植えてある。
　　路的两旁种着树。
(6) 壁に世界地図が掛かっている。
　　墙上挂着世界地图。

这三种日语用「～ている」，汉语只能用"着"的句式有一个共同的特点，就是动作后的状态相对静止不变。「～ている」的基本意义是动作的进行，必用"着"来表达的并不是它的基本意义。

4.7.3 日语用「～ている」，汉语可以用"着"，也可以用其他成分

4.7.3.1 非生命体动作的进行：着＞在＞正＞呢 （＞表常用的顺序，左边是优先选择的成分，其后依此类推。下同。）

(7) 外は雨が降っている。
　　a. 外面下着雨。
　　b. 外面在下雨。
　　c. 外面正在下雨。

d. 外面下雨呢。

　如果是长时间的不变的动作，自然度略有变动。如：

(8) 水が用水路に流れている。
　　a. 水在水渠里流着。
　　b. 水在(在)水渠里流。
　　c. 水正在(在)水渠里流。
　△d. 水在水渠里流呢。

　两例的 a 都是用"着"的句子，可见表动态的"着"也适于对应表相对稳定的具体的客观事物的「～ている」。由于"正在、在"是副词，"着"是助词，"呢"是语气词，各自出现的位置不一样，所以可以同时使用。如"外面正在下着雨呢"，这当然是自然的说法，但为准确地考察各个成分的对应情况，我们这里不举多个成分同时并用的例子。

4.7.3.2 表动作的长期持续「～ている」：零形式＞在＞着＞正(在)＞呢

(9) 父親はずっと働いている。
　　a. 父亲一直工作。
　　b. 父亲一直在工作。
　　c. 父亲一直工作着。
　△d. 父亲正在工作。
　△e. 父亲工作呢。

(10) 山田さんは台湾に留学している。
　　a. 山田在台湾留学。
　　b. 山田在(在)台湾留学。
　　c. 山田在台湾留着学。
　　d. 山田正在台湾留学。
　　e. 山田在台湾留学呢。

(9)(10) 是「～ている」的基本用法之一，虽然可以用"着"对应，但最自

然的是零形式的光杆儿动词。这说明"着"和"了"一样，作为动态助词，适合表现的是具体时间的一次性动作。(10)d 自然的原因在于前面有"在"。

4.7.3.3 生命体动作的进行(「動きの最中」)：正(在)＞在＞呢＞着
(11) 子どもが公園で遊んでいる。
  a. 孩子正在(在)公园里玩儿。
  b. 孩子在(在)公园里玩儿。
  c. 孩子在公园里玩儿呢。
  △d. 孩子在公园里玩儿着。(△表不自然，下同。)

 d 的动词后如果有宾语的话，自然度相对提高。但也排在 c 之后。如："孩子在公园里玩儿着秋千"。副词"正在、在"紧接着表处所的同形介词"在"，两者合成了一个。下面是没有处所的例子。

(12) 彼はテレビドラマを見ている。
  a. 他正在看电视剧。
  b. 他在看电视剧。
  c. 他看电视剧呢。
  △d. 他看着电视剧。

 (11)(12)是「～ている」的最典型的用法，但用"着"对应已经不自然，这进一步表明了"着"静态性质。下面的例子能进一步证明这一点。

(13) 彼がベッドに横になって本を読む。
  他正在床上躺着看书。

 「横になって」就是「横になっている状態で」，是看书的姿势，相对静止，用"着"自然。前一个动作表后一个动作的方式，或在前一个动作的进行中做出后一个动作时，前一动作动态变弱，成为后一动作的前提方式，前一动词后用"着"则很自然。如：

(14) 她想着想着笑出了声儿来。
  彼女は考えているうちに笑いを出した。

 再如表动作交替进行的时候，交替进行的动作就是互为方式的，也是可用"着"，不过如果动词表的动作性强，有时则用"一边……，一边……"等其他形式。如：
　　(15) 彼らは踊ったり歌ったりしている。
　　　　他们跳着唱着。
　　　　他们一边跳唱，一边唱。
　　　　他们边跳唱边唱。

　　4.7.3.4 抽象事物的动作持续：在＞正在＞着＞呢
　　(16) 経済が発展している。
　　　　a. 经济在发展。
　　　　b. 经济正在发展。
　　　△c. 经济发展着。
　　　△d. 经济发展呢。

　　(17) 人間の社会は進歩している。
　　　　a. 人类社会在进步。
　　　　b. 人类社会正在进步。
　　　△c. 人类社会进步着。
　　　△d. 人类社会进步呢。

和(11)d、(12)d 比起来，用"着"对应(16)(17)的「～ている」更不自然，这进一步说明"着"适于表现具体时间的一次性动作。

　　4.7.3.5 心理状态持续：在＞正在＞呢＞零形式＞着
　　汉语与日语表心理状态的动词相当的，有动词，也有形容词，用动词对应时，可用"着"。但无论是动词，还是形容词，都更倾向于用副词"在"、"正在"、语气词"呢"或两者前后配合的形式。有时也使用零形式。如：
　　(18) 私は留学のことで悩んでいる。
　　　　a. 我正为留学的事儿发愁。
　　　　b. 我正在为留学的事儿发愁。
　　　　c. 我为留学的事儿发愁呢。

d. 我正在为留学的事儿发愁呢。
△e. 我为留学的事儿发着愁。

(19) 父は娘の合格を喜んでいる。(引自小泉保他 2000)
　　a. 爸爸正为女儿考上高兴呢。
　　b. 爸爸正为女儿考上高兴。
　　c. 爸爸为女儿考上高兴呢。
　　d. 爸爸为女儿考上高兴。
　　e. 爸爸在为女儿考上高兴呢。
　△f. 爸爸在为女儿考上高兴。
　*g. 爸爸为女儿考上高兴着。

常用于表心理状态持续的还有"快乐、愉快、悲伤、伤心、难过、难受、悲痛、痛苦、烦恼"等，都不用"着"。

4.7.4 日语用「～ている」，汉语用"着"以外的成分
4.7.4.1 动作完成后的状态：汉语用"了"
(20) 食事ができている。
　　a. 饭做好了。
　*b. 饭做好着。

(21) 大変だ。この人は死んでいる。
　　a. 不好了！这个人死了。
　*b. 不好了！这个人死着。

(22) 故郷の様子がすっかり変わっている
　　a. 家乡的样子完全变了。
　*b. 家乡的样子完全变着。

这三个句子的共同点是，动作完成之后成为相对稳定的状态，这种状态是不可逆转的。汉语表现这类事项时，着眼于动作本身的完成与否以及由于动作

的完成而导致的动作体现者(饭、这个人、家乡)的"界变"(张黎2003, 2010)，所以用"了"。而日语着眼于相对静止的状态，所以用「～ている」。日语在这种句中不用在很多情况下与"了"相当的「た」，还有一个重要原因，就是这种相对静止的状态并非"过去"，而是说话时点的"现在"。上文谈到，汉语本来是倾向于用"着"表静止状态的，在这类句子上呈现的分歧不在「～ている」和"着"本身，而在于两种语言对同一事项的不同认知视点。"时"的观念的根深蒂固的影响和认知视点的差异，使这一内容成为初中级阶段教学的难点。讲清这两点之后，学习者就比较容易把握了。

下面的句子先行研究称为"有效性的持续"(小泉保他2000)或"效力的持续"(張麟声2001)。我们从教学上尽量减少分类、使学习者便于把握的考量出发，认为也可以归入此类。

(23) 昨日買った風邪薬が効いている。
  a. 昨天买的感冒药见效了。
 *b. 昨天买的感冒药见着效。

(24) あなたが結婚するときには妹ももう大学を卒業しているよ。(引自張麟声2001)
  a. 你结婚的时候你妹妹也已经大学毕业了。
 *b. 你结婚的时候你妹妹也已经大学毕业着。

(25) 彼はすでに結婚している。
  a. 他已经结婚了。
 *b. 他已经结婚着。

从本质上看，"有效性的持续"，也是动作完成之后形成的相对稳定的状态。汉语用"了"不用"着"的理由仍在于着眼于动作的完成和界变；日语用「～ている」，不用「た」原因仍是着眼于现在(不是过去)的状态。

4.7.4.2 动作经历的残留：汉语用"过"或"没+动词"

动作经历的残留是指说话的时点以前连续做过或没做过某动作,这一状态作为经历残留了下来。如:

(26) 私はここで働いていたことがある。
　　 a. 我在这儿工作过。
　　*b. 我在这儿工作着过。

(27) 先週から図書館に行っていない。(引自張麟声 2001)
　　 a. 从上星期到现在没去图书馆。
　　*b. 从上星期到现在没去着图书馆。

日语表经验的「～たことがある／ない」是词汇形式,不是动词词尾,因此可以和「～ている」同现,「～た」是表时的成分,可表不同状态的时,当然也可以表「～ている」的时,所以有「～ていた」的形式。汉语的"了、着、过"都是表动作状态的助词,是互为对立的。一个动作处于其中的一个状态,就不能是另外两个状态。所以,没有三个助词中两个同现的形式。对于过去的动作经历,如果有必要,汉语使用表时间的成分。如"我在这儿工作过一年";如无必要,则只用"过"。对到说话的时点没有做的动作,日语着眼于一直未做的状态,汉语则直接否定。

4.7.4.3 惯常性的动作重复:汉语用零形式

(28) 彼は毎日自転車で通学している。
　　 a. 他每天骑自行车上学。
　　*b. 他每天骑自行车上着学。

(29) 彼は朝食前にジョギングをしている。
　　 a. 他早饭前跑步。
　　*b. 他早饭前跑着步。

惯常性的动作重复既不是动作结果的静态存留,也不是一个动作的长期持续,更不是一次性动作的完成,不符合汉语使用"着"和"了"的任何一个条

件，但是日语着眼于状态，所以用「～ている」。

4.7.4.4 由动作形成的性质：汉语用零形式

日语的有些动作动词加上「～ている」后就不再表动作，而是表一种可能的性质，原来的宾语也变成作为判断描写对象的主语。这样的「～ている」的语法作用接近形容词，汉语用有可能义的动词或动补格式的零形式表达，不用"着"。如：

(30) 地平線が見えている。

  a. 能看见地平线。

 *b. 能看见着地平线。

(31) 君の声が聞こえているよ。

  a. 能听见你的声音。

 *b. 能听见着你的声音。

日语动词变为被动形式＋「～ている」后，对被动主语(即意义上的宾语)所表示的事物有"定性"或改变性质的作用，也可归入这一类。如：

(32) 睡眠薬が習慣性医薬品として指定されている。

 a. 安眠药被指定为习惯性药品。

 *b. 安眠药被指定为着习惯性药品。

(33) この手続きは簡単な通関手続きとして定められている。

 a. 这种手续被定为简单通关手续。

 *b. 这种手续被定为着简单通关手续。

(34) これは日本酒の極品と言われている。

 a. 这被称为日本酒中的极品。

 *b. 这被称为着日本酒中的极品。

这类表现有形式和意义上的特征，比较好把握，教学中举例讲解即可防止误用。

4.7.4.4 非动作性质：汉语用零形式

(35) 娘はお父さんに似ている。
　　 a. 女儿像父亲。
　 *b. 女儿像着父亲。

(36) 私は生け花クラブに属している。
　　 a. 我属于插花俱乐部。
　 *b. 我属于着插花俱乐部。

「～ている」是动词的词尾，使用与否，和动词是否表示动作无关；汉语的"了"、"着"与其说是放在动词后的助词，不如说是放在"动作"后的助词。"着"虽表静止状态，但也应是动作的静止状态。"像"和"属于"都是非动作动词，所以不能和"着"一起使用。

还有一些日语的状态不及物动词，汉语与之对应的都是形容词，当然就更不能用"着"。如：

(37) 現地の風景が写真と違っている。
　　 a. 当地的风景和照片不一样。
　 *b. 当地的风景和照片不一样着。
　 *c. 当地的风景和照片相异着。

(38) A社の車とB社の車、どちらが優れている？
　　 a. A公司的车和B公司的车哪个好？
　 *b. A公司的车和B公司的车哪个好着？

(39) 彼の態度は一貫性が欠けている。
　　 a. 他的态度缺乏一贯性。
　 *b. 他的态度缺乏着一贯性。

4.7.5 用比较的方法进行教学，对比的方向因内容而异，对汉语的重要语法内容，从汉语到日语的方向容易说明；对日语的重要语法内容，像"着"这样，从日语出发效果较好。这一部分的练习，最好也采用日译汉的选择形式。让学习者从用"着"或用其他成分的汉语句子中选择并说明理由。

4.8 否定的性质与辖域

4.8.1 从某种意义上说，所有的语言形式都可以归入肯定和否定两大类，否定形式在语言习得和教学中的重要性自不待言。汉语和日语否定形式的最大差别，在于日语只用「ない」，而汉语使用"不、没(有)、别"等多个成分。这由日语的黏着语和汉语的孤立语性质使然，也和汉语没有表"时"的语法范畴有关。对"不、没(有)、别"同日语否定形式的对应关系，很多教科书用下表1的方式对照讲解。

表1

不	（～で）ない、（～し）ない、（～したく）ない
没(有)	～なかった、（～て）いない
别	（する）な、～しないでください

但学习者参照学习之后，常常出现下面的偏误：

(1) 孙老师以前没吃生鱼片，但是现在很喜欢吃。

(2) 她来的贺年片上不写自己的地址。「彼女からの年賀状に（彼女の）住所が書いていない。）」

(3) 为了减肥，她每天早上都没吃早饭。

(4) 对不起，刚才我听不懂，请你再说一遍。

可见，光是靠对应的方法加上一般所说的"'不'否定现在、否定意志，'没'否定过去、否定变化"(参见拙作2003，2006d等)说明，还是不能使学习者准确地掌握汉语的否定形式。就笔者所见，目前对"不"和"没"的区别说明最为详细的是古川裕・黄晓颖(2013)。该书列举了九个项目，对比了两者的功能及用法的异同。即：

1. 在动词或形容词前表否定→同。
2. 在动词前用于过去和现在→同。
3. 在动词前表主观愿望→异，"不"可，"没"不可。

（我们认为值得商榷，"我那时没想去留学的原因，是因为经济条件不允许"可说。）

4. 在动词前表客观叙述→异，"不"不可，"没"可。

（我们理解作者的想法，但认为学习者不易判断，A对B说"C不吃饭"，算不算客观叙述呢？）

5. 在动词前用于未来→异，"不"可，"没"不可。
6. 用在经常性的或习惯性的情况前→异，"不"可，"没"不可。

（我们同意这一归纳，但在教学中学习者较难判断。如"大陆来的乘客经常在飞机还没完全停稳的时候就从座位上站起来拿东西"这类句子，多层关系交错，对非语言专业的学习者来说是很判断的。）

7. 用在表心理活动的动词前→异，"不"可，"没"不可。

（我们认为值得商榷，如"在你没喜欢一个人的时候，他发生了天大的事你也不会在意；喜欢上以后，他的一举一动都会引起你的注意"可说。）

8. 用于否定事物的性质、状态→异，"不"可，"没"不可。
9. 用于否定事物的性质、状态的变化→异，"不"不可，"没"可。

（我们认为表述方法值得商榷。该书认为"树现在还不绿"不能说，我们觉得能说。如果说"虽然能说，但不是否定变化"，或许还容易被接受些，但那已经失去本句作为范例的价值，前后的体例也不一致了。）

4.8.2 尽管我们对古川裕·黄晓颖(2013)的概括提出了一些商榷意见，不过该书从语义特征和用法的角度所做的概括在教学上仍有很大的参考价值。本书主张运用汉日比较的方法教授汉语，但这种比较必须面对现实。对于一方单纯，另一方相对复杂的比较，不能止于排列对照，而必须进行更详尽的辨析。日语的「ない」和「なかった」只有时的差异,并无性质的不同,借助于它们显然无法说明"不"和"没"的本质区别。拙作(2003,2006)提出了"不"否定静态,"没"否定动态的说法,事实证明也不容易把握。在后来的教学实践中,我们参考杉村博文(1994)等,重新归纳了对"不"和"没"的教学说明。即:

表2

	性质	对象	意义	相当的日语形式
不	判断性否定	是・非・行(做)・否	非事实	〜でない(なかった) 〜しない(なかった)
没	报道性否定	有・无	未发生	〜なかった 〜し・(になっ)ていない

"判断性的否定"是指说话人对某一事项是A或非A的判断。如:

(5) 以前・现在・以后他不是教师。

(6) 昨天・今天・后天我不去(是有原因的)。

(7) 昨天・今天・后天不冷。

(8) 我以前・现在・以后不会开车。

(5)-(8)的意义分别为判断的结果是"是教师、去、冷、会开车"不是事实。

"报道性否定"是指说话人从客观的角度报告某一事项发生了或者没发生。如:

(9) 我昨天・今天没吃早饭。

(10) 他昨天・今天没去上课。

(11) 昨天・今天没冷。

(12) 我昨天・今天没会开车。(那时候我还没会开车。)

(9)-(12)的意义分别是"吃早饭、去上课、冷、会开车"等事没有发生过。

从时间的角度比较"不"和"没"的差别的话,只能说一点,就是"没"不能用于否定将来。这是很容易理解的,因为它的语法意义是客观报道某事项是否发生，因此，只能对到说话的时点为止的事实进行报道。但是一些教科书中所说的"不"不能否定过去的说法显然难以成立。利用表2，可以对一些既用"不"又用"没"否定的句子的区别做出说明。如：

(13) 昨天怎么说他也不来上课。

(14) 谁说他昨天来了？他昨天没来上课。

译成日语，虽然两者都是「授業に来なかった」，但是根据内容，可以判断前者是"他来上课的事不是事实"，后者是"他来上课的事没有发生"。

(15) 现在天还不冷，晚上才5度。

(16) 天气预报说今天降温，可是今天没冷。

(15) 说的是"现在不是冷的天气"，(16) 说的是"天气冷的状态尚未发生"。

4.8.3 汉日语否定形式的差异，还体现在否定词的辖域，也就是否定词的修饰范围上。下面是学习者练习里的句子。

△(17) 她每天在学校的食堂不吃早饭。

△(18) 下雨的时候我骑自行车不上学。

(17) 想表达的是「彼女は毎日大学の食堂で昼食を食べない」，(18) 想表达的是「雨が降る時私は自転車で通学しない」。出现这样这问题的原因，在于汉语否定词是"后辖域"，放在被否定成分的前面；日语的「ない」是"前辖域"，放在否定成分的后边。后辖域的否定范围容易判断，否定词的后面都是否定范围。"前辖域"的否定范围则有多种可能。以(17)(18)的日译为例。

(17)' 彼女は毎日大学の食堂で昼食を食べない。

辖域 a. 彼女は毎日大学の食堂で昼食を<u>食べ</u>ない。

辖域 b. 彼女は毎日大学の食堂で<u>昼食を食べ</u>ない。

辖域 c. 彼女は毎日<u>大学の食堂で昼食を食べ</u>ない。

辖域 d. 彼女は<u>毎日大学の食堂で昼食を食べ</u>ない。

(18)′雨が降る時私は自転車で通学しない。

  辖域a.雨が降る時私は自転車で<u>通学</u>しない。

  辖域b.雨が降る時私は<u>自転車で通学</u>しない。

  辖域c.雨が降る時<u>私は自転車で通学</u>しない。

  辖域d.<u>雨が降る時私は自転車で通学</u>しない。

  在语法成分的性质的上,「ない」只是一个词的词尾,但是它的辖域超出词的范围,又有多种可能性。学习者难以判断,就凭借对词尾的认识,把"不"放到了动词的前面。在教学中,应讲请这一点,并通过(17)和(17)′、(18)和(18)′对照的方式,使学习者加深理解。辖域问题不完全是偏误问题,有些否定表现的不同,既同"不"和"没"的否定意义差别有关,也在于辖域的不同。如:

(19)你说的汉语我听不懂,请再说一遍好吗?

(20)你说的汉语我没听懂。请再说一遍好吗?

  从否定意义的角度看,(19)是否定"懂"这一事实的存在,(20)是否定"听懂"这件事的发生。从辖域的角度分析,(19)只否定"懂",(20)否定的是"听懂"。"听懂"的事没有发生,如果再说一遍或慢点儿说,还有可能发生,而"懂"的事实,难以在短时间内出现。所以,(19)不是自然的说法。

  与否定类似的辖域问题,还表现在一些含有助动词的句子上。如:

(21) △a. 田中已经用汉语能打电话了。

    b. 田中已经能用汉语打电话了。

(22) △a. 取消预定的时候提前一天应该联系。

    b. 取消预定的时候应该提前一天联系。

(23) △a. 今年的黄金周我坐船想去上海。

    b. 今年的黄金周我想坐船去上海。

  各句的 a 都是受日语辖域影响的中介式的说法,b 是正确的汉语辖域的句子。辖域问题的产生和解决,和对句子表现的事实的理解有关,这是成人学语的强项,所以,在做了本节的比较说明之后,基本上可以杜绝上述辖域偏误。

4.9 叙事起点与"把"字句的教学

4.9.1 仅从功能上看,"把"是和「を」近似的标示宾语的介词,除了"把"前置,「を」后置之外,包含它们的句子在结构上也基本一致。但是,用「を」标示宾语,是日语的常式,而使用"把"标示宾语,却是汉语动宾结构的特殊形式,需要很多条件。在某些条件下,非用"把"字句不可;在某些条件下,可用"把"字句,也可不用"把"字句;在另一些条件下,则不能用"把"字句。这种种复杂的情况,使"把"字句成为汉语二语教学的一个难点。

关于"把"字句来源、结构特点、构成成分、使用动因等,先行研究有过大量的论述(参见王占华2011)。在二语教学上,我们主张删繁就简,从汉日对比的角度,先归纳出使用"把"字句的条件,再通过对比的方式加以说明。

我们认为,从根本上说,使用"把"字句是说话人选择叙事起点的需要。所谓"叙事起点(narrate starting point)",是指说话人依据自己的认知内容和意向对事项的表述角度。说话者表述一个事项的时候,可以根据事项实际发生的时间顺序和自己在说话时点的认知状态选择一个成分作为叙事起点,选择另一个成分作为叙事续点,以实现最佳传信效果,突出想要突出的信息。从理论上说,他所使用的语言体系应该为之提供准确地表达不同叙事起点、续点的句法形式。叙事起点等不一样,句中各部分的信息的新旧性质也不一样。

例如:对由"a.田中"、"b.喝了"、"c.冰箱里的啤酒"构成的事项,可以通过选择不同的叙事起点、续点,分别传达"田中做了什么、冰箱里的啤酒怎么了、田中对冰箱里的啤酒采取了什么行动"等不同的信息以及这些信息的新旧性质。

选择a的"田中"为叙事起点、b的"喝了"为叙事续点时,句法形式为:

(1)田中喝了冰箱里的啤酒。

选择c的"冰箱里的啤酒"为叙事起点、a的"田中"为叙事续点时,句法形式为:

(2)冰箱里的啤酒被田中喝了。

选择 a 的"田中"为叙事起点、c 的"冰箱里的啤酒"为叙事续点时，句法形式为：

(3) 田中把冰箱里的啤酒喝了。

对听话人或说话人来说，"冰箱里的啤酒"是新信息时，选择(1)，"冰箱里的啤酒"是旧信息时，选择(2)；"冰箱里的啤酒"和"田中"都是旧信息时，选择(3)。

说话人选择不同的叙事起点和续点，构成不同语序的话语动机，主要有两个：1. 反映事项实际发生的时间顺序。2. 反映说话者对已然事项的表述调整。

4.9.2 说话人有选择叙事起点的需求，但不是表达任何事项都可以任意选择各种句式，每种句式都有其使用的基本条件。使用"把"字句的基本条件是"表述产生结果的涉他动作"（結果のある他作用動作であれば，"把"構文を使う。）所谓结果，主要有以下几种。

4.9.2.1 位置的移动。如：

(4) すみませんが、中国語のテキストを持って来てください。

  a. 对不起，请把汉语课本拿来。

 △b. 对不起，请拿来汉语课本。

(5) すみませんが、中国語のテキストを読んでください。

 *a. 对不起，请把汉语课本看。

  b. 对不起，请看汉语课本。

(4)的"拿来"导致汉语课本的位置移动，用 a 的"把"字句自然，用 b 不自然。(5)的"看"不导致这种移动，不能用"把"字句。

4.9.2.2 数量的变化。如：

(6) この会話を2回ほど読んでください。

　　a. 请把这个对话读两遍。

　　△b. 请读两遍这个对话。

(7) この会話を読んでください。

　　*a. 请把这个对话读。

　　b. 请读这个对话。

(6)的"读两遍"是数量的变化，用 a 的"把"字句自然，用 b 不自然；(7)的"读"没有数量变化，不能用"把"字句。

4.9.2.3 动作的完成。如：

(8) 彼は『中国社会』のレポートを書き終えた。

　　a. 他把『中国社会』的报告写完了。

　　b. 他写完了『中国社会』的报告。

(9) 彼は『中国社会』のレポートを書く。

　　*a. 他把『中国社会』的报告写。

　　b. 他写『中国社会』的报告。

(8)的"写完"是完成，根据说话人选择的叙事起点，可以用 a 的"把"字句，也可以用 b。(9)的"写"不是动作的完成，不能用"把"字句。

4.9.2.4 性质的变化。如：

(10) アメリカ政府はあの秘密計画を公開した。

　　a. 美国政府把那个秘密计划公开了。

　　b. 美国政府公开了那个秘密计划。

(11) アメリカ政府はあの秘密計画を策定した。

　　*a. 美国政府把那个秘密计划制定了。

　　b. 美国政府制定了那个秘密计划。

(10)的"公开"是改变"秘密计划"性质的动作，根据说话人选择的叙事起点，可以用 a 的"把"字句，也可以用 b。(11)的"制定"没有改变"秘密计划"性质的作用，不能用"把"字句。

4.9.2.5 认知的转移。如：

(12) おじいさんはこの犬を自分の子供として扱っている。

　　a. 爷爷把这条狗当作自己的孩子对待。

　　*b. 爷爷当作自己的孩子对待这条狗。

(13) おじいさんはこの犬を飼っている。

　　*a. 爷爷把这条狗养着。

　　b. 爷爷养着这条狗。

(12)的"当作"是将对甲事物的认知转移到乙上，用 a 的"把"字句自然，不能用 b。(13)的"养"没有这种认知转移，不能用"把"字句。

4.9.3 表"涉他动作"的动词，是指及物动词里表能导致宾语所表示的事物发生位置变化、数量增减、性质改变、动作完成等的动词。在教学中限于时间，无法详尽列举，但可以用排除法使学习者把握大致的范围。如下列动词都不是表"涉他动作"的动词，都不能构成"把"字句。

1. 表判断、关系的。如"是""像""属于""等于"等。
2. 表存在的。如"在""有""住""站"等。
3. 表方向、移动的。如"来""去""上""下""进""出""跑"等。
4. 表心理、感情的。如"希望""知道""喜欢""感动""讨厌"等。

5. 不及物动词。如"旅行""毕业""休息""散步""睡觉""洗澡""理发""结婚""上课"等。

4.9.4 上两节概括的是使用"把"字句的必要条件，但不是具有这些条件就一定能构成"把"字句，与这些条件相适应，构成"把"字句还需要下列充分条件。

4.9.4.1 动词不是光杆儿，须有其他成分。如：
(14) ドアを開けて下さい。
　*a. 请把门开。
　 b. 请把门开开。

(15) 机を拭きなさい。
　*a. 把桌子擦。
　 b. 把桌子擦擦。

(14)b 的"开"是表结果的补语，(15)b 的"擦擦"是"擦"的重叠形式。两句中的 a 都是光杆儿动词，不能构成"把"字句。

4.9.4.2 "把"后须是能特定的事物，不是泛指一类事物的词。如：
(16) 私はコカコーラを飲んだ。
　*a. 我把可口可乐喝了。
　 b. 我喝了可口可乐。

(17) 私は冷蔵庫の中のコカコーラを飲んだ。
　 a. 我把冰箱里的可口可乐喝了。
　△b. 我喝了冰箱里的可口可乐。

(16)里的可口可乐是泛指的，不能用于"把"字句。(17)中的是放在具体地方的可以特定的，能进入"把"字句。

4.9.4.3 否定词"不、没"和助动词、副词应放在"把"的前面。如：
(18) なぜこのお土産を彼にあげないの？
  *a. 为什么把这个礼物不给他？
  b. 为什么不把这个礼物给他？

(19) 彼はカメラを持ってこなかった。
  *a. 他把相机没带来。
  b. 他没把相机带来。

(20) あなたはこの宿題を完成しなければならない。
  *a. 你把这个作业应该做完。
  b. 你应该把这个作业做完。

(21) 私たちはこの問題を討論したいと思います。
  *a. 我们把这个问题想讨论一下。
  b. 我们想把这个问题讨论一下。

(22) 暑いですね。はやくエアコンを入れなさい！
  *a. 太热了！你把空调快开开。
  b. 太热了！你快把空调开开。

(23) 彼はすでにあの文章を中国語に訳した。
  *a. 他把那个句子已经翻译成汉语了。
  b. 他已经把那个句子翻译成汉语了。

这几个句子涉及到辖域问题。和日语比较，(18)－(21)是一个类型，日语是前辖域，表否定的「ない」和助动词在句末，给学习者的判断带来困难。(22)(23)是汉日语相同的类型，强调"把"和「を」的作用和性质类似，即可避免出现误用。

4.10 从「食べ終わる」说起：补语的教学

4.10.1 "日语没有补语，补语是汉语特有的句法成分"的观点早已似成定论，结果补语、情态补语、程度补语、可能补语、趋向补语、时量补语、动量补语等一连串从未听过的术语，也让学习者望而生畏。其实，补语难的印象，多半肇始于"~~补语"的故弄玄虚，把这一包装去掉，就会发现它们都不过是一些极为平常的句法形式。另外，日语里也并非没有相当于补语的结构，「食べ終わる」就是其中的一个典型代表。补语的教学如果从「～終わる」讲起，学习者理解后面的复杂形式时会相对容易一些。教一个语言形式时，首先找到这个形式在学习者母语中的位置是十分重要的。本节拟从这一角度出发，具体探讨各类补语的教学问题。

4.10.2 结果补语　情态补语　程度补语

这三类补语的划分，是一个值得讨论的问题。目前为止的有代表性的分类方法是，动词不用"得"而直接和补语结合的结构，如"吃饱"、"洗干净"等是结果补语，"动词或形容词＋得＋补语"的结构，如"吃得很饱"、"洗得非常干净"、"高兴得跳了起来"等是情态补语，形容词或一部分表心理活动的动词＋得(或不加"得")＋补语"的结构，如"高兴得很"、"累极了"、"喜欢得要命"等是程度补语。还有一种分类方法是把程度补语归入情态补语，算作情态补语的一个下位小类。

在研究的层面上，把这些补语分为三类或两类，也许有必要，但在二语教学上也这样划分，并无明显的合理性和可操作性。教学上的分类如果能有形式标志是最理想的，比方说，不用"得"的归为一类，用"得"归为另一类等。

但是这样分类的前提是类与类之间有排他性,教学时必须分开讲解。如果没有排他性,类与类互相包容,例如把"吃饱"、"洗干净"归入结果补语,而把"吃得很饱","洗得非常干净"归入情态补语;把"高兴得跳了起来"归入情态补语,把"高兴得很"归入程度补语等,这样的分类除了徒增繁琐,在教学上并无意义。我们认为,动词后边的情态也是动作进行后的结果,形容词后面的情态也是程度。根据多年的教学实践的检验,我们主张对这三类补语重新分类,"动词+结果/情态"的归为一类,统称为"结果补语";"形容词+情态/程度"的归为一类,统称为"程度补语"。

4.10.2.1 结果补语可粗分为三类。

第一类是结果补语的原型,"动词+(动作本身的)结果"。如"吃完"就是"吃"这个动作结束。只要是有过程的动作,一定有"结束",所以日语用词汇化的形式,即「複合動詞」(「～終わる」、「～上げる」等)的形式表达这类意义。汉语的这类格式比日语多,除"动+完"之外,还可举出"动+好"(商量好)、"动+其他形容词"(走快、来晚、睡足)等。

第二类是"动作者+结果,这是原型的引申形式。如"吃饱"是"吃的人饱"、"走累"是"走的人累"。再如"摔倒、听懂、学会"等。日语的「～疲れる」「～慣れる」「～飽きる」等和这类相似。

第三类是"动作对象(宾语)+结果",是原型的进一步引申。如"卖光"是"卖的东西光(没有)"、"打破"是"被打的东西破"。再如"洗干净、杀死、说漏"等。日语的「～切れる」「～殺す」「～漏らす」等和这类相似。

在这三类当中,如果按照一般的常识性的认知视点,"结果"和其补充说明的事项之间有某种必然联系(如对"走",一般从速度、动作者的体力的角度认知说明,对"洗",一般从被洗的东西是否变干净的角度认知说明),则动词和补语可以直接组合;如果没有必然联系,是临时性的认知结果,两者间则需要作为粘合剂的"得"。如"吃得非常高兴、走得满头大汗、卖得不快"等。

4.10.2.2 结果补语成为教学难点的原因主要有两个：一个是日语的复合动词的数量不够，无法对应所有的结果补语。另一个是表达某些结果补语时需要使用完全不同的句式。如先行研究多次列举的"洗干净了(きれいに洗った)"等。我们主张分下面四个步骤解决这一难点。

1. 用汉日对比的方式讲解结果补语的性质、种类。具体如上文 4.10.2.1。

2. 从语言体系特征的角度，说明结果补语语序的理据性。如前所述，汉语的语序和其所表现的事物、事项等发展变化的时间顺序是一致的，即所谓"先发生的先说；后发生的后说。先做动作，动作完了之后才会出现结果。所以补语必须放在动词的后边。按同一理据，做某一动作时也是先开始动作，然后接触宾语所表示的事物，所以宾语也必须放在动词的后边。动词后面的位置只有一个，无法同时放两个成分，就须采用重复动词的办法，造出两个位置。结果在动作之后发生，动词重复的格式一定是"动＋宾＋动＋补(洗衣服洗得干净)"。仍是按照时间顺序的理据，如果"衣服已经洗完"那说话者可以选择它做叙事起点，使用"衣服洗得很干净"的句式。

3. 从汉日对比的角度说明解释"得"的作用。传统的教科书和辞书(主要是中国国内的)，对"得"的性质和作用的说明，多止于"构成补语的助词"。但是如果分析具体的句子，会发现"得"前的成分大致相当于主语，"得"后的成分大致相当于谓语。如"走得很快"的意义是「歩く速度はとても速い」，"走得很累"是「歩いた人は疲れている」，"洗得干净"是「洗われた服はきれいだ」。刘勋宁(2007)主张，把"动＋得＋补语"的结构重新分析为主谓结构。我们认为，起码在二语教学的策略上，主谓结构的分析远胜于动补结构的分析，更何况这 分又符合现代汉语的语感。近年来，日本已经出现了越来越多的把"得"译为或讲解为「～のが」「～のは」的语法论著和教科书。

4. 通过直译→义译的方式使学习者加深理解，直至掌握使用。

4.10.3 程度补语

程度补语指放在形容词后面的"极了、坏了、死了、多了、透了、要命、得很、不得了"等强调说明形容的程度的补语。如"可爱极了"、"高兴坏了""热死了"、"便宜多了"、"坏透了"、"难得要命"、"远得很"、"冷得不得了"等。这类补语的范围小，充当补语的成分词汇化的程度高，基本上相当于一个词或一个固定词组。形容和补语之间，也有主谓关系。如"可爱极了"是「可愛さが極めて高い」，"冷得不得了"是「寒さが堪らない」等。

在教学中需要讲解辨析的难点是程度补语和"副词＋形容词"的状中结构的区别。如：

极可爱　　可爱极了

很高兴　　高兴得很

死热　　　热死了

等的区别。这仍可以用汉语时间顺序的语序原则来解释，左边的状中结构是正在呈现的性质、特征或状态；右边的补语形式是对这些性质、特征或状态做的结论性的描述，是一种"定论"。因此，用于未来的事项时只能用状中结构，不能用补语形式。如：

(1)我很高兴明年去贵校访问。

＊(2)我高兴得很明年去贵校访问。

(3)听说明天天气也很热。

△(4)听说明天天气也热得很。

＊(5)听说明天天气也热得要命。

＊(6)听说明天天气也热死了。

"得很"的说法来自方言，所以和普通话有部分重合，"要命"、"死了"是口语里带有夸张色彩的主观感受，按照时间顺序的原则，只有在亲身经历之后才说。

4.10.4 时量补语和动量补语

时量补语指"睡七个小时"、"学了三年汉语"里的"七个小时"和"三年"一类的成分。动量补语指"去过几次"、"来一趟"里的"几次"、"一趟"等。对这两种格式，在教学上最好不叫补语，而是分别称为表"'动作持续的时间'和'动作回数'的说法"，简称为"持续时间"和"回数"。

这两种说法的共同点是汉语和日语的语序相反，汉语是典型的按着时间顺序的排列的格式，而日语则因动词有词尾变化，只能将持续时间和回数放在动词的前面。这样的说明，可以用图示等直观对比，学习者容易接受，也容易理解掌握。其中特殊的是"动词＋人称代词＋持续时间／回数"的位置，如"等了他一个小时"、"见过她一回"等。涉及的人称代词不到10个，可以作为特例讲解。

4.10.5 趋向补语

4.10.5.1 趋向补语的划分标准和其他补语不一样，是按充当补语的词类划分的，一般所说的趋向补语，是指出现在动词或部分形容词后面的以下三组成分：

a: 来、去

b: 上、下、进、出、回、过、起

c: 上来、下来、上去、下去、进来、进去、出来、进去、出去、回来、回去、过来、过去、起来

a组趋向补语和日语的「(～て)くる/いく」相当，表接近或离开说话者的移动。日语也有和b组近似的「(～て)上がる/のぼる」「(～て)降りる」「(～て)入る」「(～て)出る」「(～て)帰る」「(～て)通る」等。c组是a组和b组的结合，日语里也有类似的「(～て)上がってくる」「(～て)降りていく」等。因此，趋向补语的结构和意义，不是教学的难点。

4.10.5.1 经常和a类的"来、去"构成动补结构的有两类动词。

1. 表主体移动的自移动词。如"走、跑、跳、爬、钻、飞、蹿、蹦、滚、游、飘、流、(阳光等)射、蹿、蹦、追、跟、冲、闯、靠、凑、扑"等。

这类结构经常出现的偏误是移动主体、动词、补语、处所的位置错误。如：
(7) a. 这里跑来了一条小狗。
　　b. 一条小狗跑这里来了。
　*c. 这里一条小狗跑来了。
　*d. 一条小狗跑来这里了。

(8) a. 旁边的院子飞去了很多蜻蜓。
　　b. 很多蜻蜓飞旁边的院子去了。
　*c. 旁边的院子很多蜻蜓飞去了。
　*d. 很多蜻蜓飞去旁边的院子了。

c、d很明显是受「子犬がここにやって来た」和「ここに子犬がやってきた」一类说法的影响造成的误用。纠正这类偏误，可以说明，和汉语语序的时间顺序类似，按照"语义靠近理论"（陆丙甫2004,2010），在语义关系上越紧密的成分，在句法位置上也越靠近，没有直接语义关系的成分不能构成语法结构。"自移＋来/去"是"移动＋趋向"，处所和移动有直接语义关系，和移动主体、趋向无关。因此，处所只能出现在主要"自移动词"之后，不能出现在"趋向"之后，也不能像c那样，和移动主体构成主谓结构。

2. 表使物体移动的他移动词，如"拿、搬、运、邮、寄、扔、带、送、抬、牵、抓、拉、交、端"等。经常出现的偏误是移动客体、动词、补语、处所的位置错误。如：
(9) a. 房间里搬去了一张床。
　　b. 一张床搬房间里去了。
　*c. 房间里一张床搬去了。
　*d. 一张床搬去房间里了
上面的说明也适用于纠正这类偏误。

4.10.5.2 b组动词是表移动类型的。如：

上：从低点移向高点

下：从高点移向低点

进：从容器外移向容器内

出：从容器内移向容器外

回：从N位置移向原来的位置

过：从N位置经过某一空间移向M位置

起：从卧位移向坐位或从坐位移向站位

它们和"来/去"构成的c，既有"移动＋趋向"的性质，也有"方式＋移动"的性质。自移动词或他移动词＋b 或 c 构成的复合趋向补语结构，虽然形式复杂，但如果在讲解"移动＋趋向"和"方式＋移动"的双重性质的基础上，再强调这类结构既符合修饰成分(状语)在前，被修饰成分(中心语)在后的语序，又符合时间顺序的原则，学习者比照「歩いて上がってくる/いく」「持って入ってくる/いく」的说法，很容易理解，也不难造句。4.10.5.1 节关于"语义靠近理论"理论的说明，也适用于纠正复合趋向补语中成分位置的偏误。

4.10.6 可能补语

可能补语是和「見える」、「聞こえる」类似的成分，讲可能补语时可以假定「見える」、「聞こえる」是由「見る＋得る」、「聞く＋得る」构成的。这对学习者理解"动＋得/不＋补"的可能补语的构成和意义非常有帮助。可能补语有严式和宽式两类。严式指"听＋见、睡＋着、想＋通、吃＋饱"等特定的动词和特定的表可能的成分的组合。这类可能补语具有准词汇的性质，需要个别记忆。宽式指几乎所有的动词和补语之间加上"得/不"构成的可能补语，这种结构可任意类推，相对容易掌握。可能补语在教学中常遇到的问题是可能补语同助动词"可以/能＋动补格式"在意义和用法上的区别。如"进得去"和"可以进去"、"进不去"和"不能进去"的区别等。我们对此的说明是，在对比使用的时候，可能补语和日语动词的可能形近似，表客观的或恒久的可能性，而助动词形式则多表主观的临时性的可能性。如"进不去"是由于"门小"或"要进去的人、物太胖或太大"；"不能进去"是人为地暂时不允许进去。分别使用的时候，也基本如此，但不能一概而论。

5 附录 表现教学参考大纲

5.1 表现概说及附录的构成

语音、语法、词汇等内容都需要借助一个载体综合起来，构成若干个互相联系的单元，进行教学。载体的具体形式因教学法而异，有经典作品、语法提纲、短文、会话等。大学的二语教育，以实用为主要目的，所以功能教学法的主要载体，即实用会话，成为目前大学二语教科书的主流。本书所说的表现，也指作为体现汉语的交际功能和交际手段的社会生活各个场面的会话。

对二语教师和学习者来说，理想的是掌握社会生活所有或主要场面里使用频率最高，交际功能最强的实用会话，并且知道和理解这些会话与学习者母语在同一场面的常用说法的异同。靠一本或几本教科书，是无法达到这一目的的。

本书原来计划中的第 5 章是从汉日对比的角度，编写一个可供参考的功能项目明细，在每一项目里，都列出最适合在日语母语的学习者的汉语教学中教授的"甲级内容"和较为适合教授或适于在中高级阶段的"乙级内容"，以供讲课、学习、编写教材、制定汉语能力测试试题使用。但是，在搜集了大量的材料，动笔编写的时候，我们遇到了困难，这就是常用的功能项目是由人类的日常活动和社会生活的内容决定的，现实生活中必须的基本功能项目，已经有了大量的概括和总结，利用这些项目编写的汉语教科书（包括笔者参编的教科书）比比皆是，而且都经过了反复的推敲，大多都已定型。越是使用频率高，实用性强的内容，越不容易在以往研究的基础上出新。如果为了不同于先行研究，故意别出心裁，编出的内容就会脱离实际，失去交际价值。

但是作为教学法，最好编入功能教学的内容。为此，我们面对现实，调整了原来的计划，以目前所见的最全的功能项目表——国家对外汉语教学领导小组办公室编写的《高等学校外国留学生汉语教学大纲》（以下简称为《大纲》）所列的 110 个功能项目为纲，对项目中的"样品句式"逐句进行汉日语的比较，兼顾社会因素，确定每个场面中的"甲级内容"和"乙级内容"，根据需要，有的编成会话，有的只保留发话的形式，有的做了删节和调整。与此同时，也标出作为参考的"丙级内容"。对"丙级内容"，调整了排列方式和部分词句，删减了其中实用价值不大、使用频率低的内容。如果按我们的标准，《大纲》里没有这一场面的"甲级内容",则补充编写加上。借助这一大纲,以附录的形式构成本章关于表现教学的内容。

5.2 打招呼

甲
　　a:你好!　　　b:你好!
　　a:田中你好!　b:李平你好!

乙
　　a:你早!　　　b:你早!
　　a:早上好!　　b:早上好!

由于日语从早上到中午多用「お早うございます」打招呼,所以学习者较易接受乙的会话,但是汉语的首选是甲。

丙
　　[吃饭前后]吃了吗?
　　[估计对方作什么就问什么]上课去呀? / 打球去?
　　[看见别人从外边回来]去哪儿了? / 回来啦!

5.3 问候

甲
　　a:王老师,您好吗?　　b:谢谢你,我很好 / 还好。
　　a:小陈,最近怎么样?　b:还可以,就是有点儿忙。

乙
　　a:你近来身体怎么样?　b:还好 / 马马虎虎吧。
　　a:忙吗?　　　　　　　b:忙得要命 / 还可以 / 一般吧。

丙
　　过得怎么样?　　　　　马马虎虎 / 还可以 / 还好
　　对……习惯了吗?　　　已经习惯了 / 还不太习惯。

5.4 寒暄

甲

a:今天可真冷/热/凉快/暖和。　　b:可不是嘛,真+冷/热/凉快/暖和。

a:这天可真好。　　b:就是,不冷也不热。

乙

a:太冷/热了!　　b:冷/热。

a:怎么又下雨了?　　b:是啊,这几天总下雨。

丙

(问候)+(谈风景):你好!这儿风景……

(称谓)+(外貌形象):您穿这身衣服很精神。

(问候)+(家庭情况):最近你很忙吧?怎么样,夫人好吗?

(问候)+(路上交通情况):路上辛苦了,车多吧?

[对不常来访的客人]:您可是稀客。

[对很少见面的熟人]:什么风把你给吹来了?少见哪!

5.5 介绍

甲

a:我叫+(姓名),是+(自己的身份)。

b:你好!我叫+(姓名),是+(自己的身份)。

受日语「私は～です」的影响,很多学习者更习惯用"我是+(姓名)"来做自我介绍。使用"我是……"的前提是对方已经知道自己,所以,不如"我叫……"客气。很多教科书在自我介绍的会话中编入"初次见面、请多关照",这是日语的汉译,不是自然的汉语说法。

这是+(被介绍人A),这是+(被介绍人B)。

我来介绍一下,这/这位是(被介绍人的姓名或称谓、身份)。

这里的"来"是汉语式的自然表现,学习者不易掌握,应做"'来'表'放在主要动词之前,表积极主动做某动作'"的说明讲解。

乙

请允许我自我介绍一下,……。

这是非常正式的说法,用于会议或高规格会见等场面。但由于日语的「ご紹介させていただきます」是会话中常用的敬语,有的学习者在一般的会话中也用这一说法。应予说明。

5.6 感谢

甲

　　a:谢谢! / 谢谢你!　　　b:不用谢! / 不客气。

乙

　　a:多谢!　　　　　　　b:不用谢! / 不谢! / 没什么!

　　a:非常感谢!　　　　　b:不必客气!

　　a:实在 / 真是太感谢了! b:别客气!

这一说法和「本当にありがとうございました」类似,容易被接受使用。但汉语这一说法的"感谢度"比日语高,不含客套的成分。

丙

　　a. 真不知道怎么感谢您才好!　　b. 哪里!你太客气了!
　　在这里请允许我代表我们公司向贵校表示衷心的感谢!

5.7 告别

甲

　　a:再见!　　　　b:再见!

　　a:明天见!　　　b:明天见!

乙

　　a:一会儿见。　　b:一会儿见。

丙

　　回头见。
　　我要走了,来向你告别。

5.8 送行

甲

 a:[主人]：慢走。   b:[客人]：回去吧，不用送。

乙

 a:[主人]：您慢走／您走好。 b:[客人]：您留步。

 a:[主人]：不远送了。 b:[客人]：别送了，请回吧。

丙

 祝＋你／你们一路平安！

 再见了，祝你一路顺风！

 到了以后＋发信来／打电话／上网！

5.9 祝愿

甲

 新年／春节＋好！

 新年／圣诞＋快乐！

 祝你生日快乐！

这几句分别相当于日语的「新年おめでとうございます」「メリークリスマス」「誕生日おめでとうございます」等，但是一般见诸文字，很少作为口语会话使用。

乙

 祝＋你们／您＋全家幸福！万事如意！新婚幸福！早日康复！

丙

 祝您健康长寿！

 祝你成功！一切顺利！

 为＋(某人、某事)＋干杯！

5.10 祝贺

甲

 祝贺你！

乙

　　祝贺你＋考上大学 / 拿到学位 / 找到工作！

丙

　　我代表大家＋对 / 向＋你表示热烈的祝贺！

用于较为正式的讲话，不用于口语会话。

5.11 欢迎

甲

　　欢迎！欢迎！

　　欢迎光临。

"欢迎光临"和日语商家迎客的套语「いらっしゃいませ」大致相当，很少用于其他场合。

乙

　　欢迎＋你 / 你们＋来！

丙

　　欢迎惠顾。

　　欢迎你们的到来！

　　我 / 我们对＋你/你们表示热烈的欢迎！

第一句是商家标语，后两句用于较为正式的讲话，不用于日常口语会话。

5.12 邀请

甲

　　有空儿来玩儿吧。

　　到我家来坐坐吧！

乙

　　星期天有空吗？有空的话，一起去唱卡拉ＯＫ怎么样？

　　明天一起去行不行？

丙

　　我想请您吃个便饭，不知您＋有没有时间 / 方不方便？

用于有工作关系的人,关系不密切的人。

  定于 9 月 19 日在故宫博物院举行考古讲座,请出席 / 敬请光临。
书面语,只用于书信、请柬。

5.13 约会
甲
  a:明天上午 10 点,在校门口＋见 / 见面,怎么样?
  b:行,10 点我准时到。
  a:就这样吧,星期天晚上,在公园看樱花,说定了。
  b:好吧。我一定去。
乙
  就这么定了。
  不见不散。
     好,一言为定。
丙
  到时候我一定请客。

5.14 商量
甲
  咱们打车去,怎么样?
  以后再买,行不行?
  能不能早点儿来?
乙
  先吃饭,吃了饭再说,好吗?
  小点儿声,好不好?

丙
  你看这么办可以不?
  黑色的好看,你说呢?

这么写是否可以?

5.15 馈赠

甲

　　这是送给你的，一点儿小礼物。

　　这个送你，一点儿小意思。

乙

　　算不上什么礼物，一点儿心意。

　　一点儿心意，留个纪念。

丙

　　一点儿薄礼，不成敬意，请笑纳。

是台词风格的书面语说法，不用于日常口语。

　　谨以此书献给我的母校。

只用于书的扉页题词。

5.16 交涉

甲

　　这是昨天买的，我想换成大号的。

　　要是不能换，我就退了。

　　房间离电梯太近，吵得我睡不好觉，你看怎么办?

　　我们商量一下吧。

乙

　　请你给我一个说法。

　　你应该说明一下理由。

　　我想和你们经理谈谈。

　　请你们的负责人接电话吧。

丙

　　这明明是你们的责任。

　　希望你们承认商品的缺欠。

103

航班停飞你们应该事先通知。

5.17 叙述
甲

　　先去银行换钱，再到车站买票，然后去餐厅吃饭。
　　我刚一到北京就感冒了。
　　我说了半天，她才明白。

叙述连续的动作，也可以用"先……，再……，再……，最后……"的格式。

乙

　　你听我说，本来是这么回事儿。
　　原来我不想去，后来看大家都去，最后也去了。
　　开始他不同意，经过再三说明，他才同意了。

丙

　　这么说吧，谁碰到这种事都回这样做。
　　一般来说，年轻人更喜欢鲜艳的。

5.18 说明
甲

　　他是从日本来的留学生。
　　他今年25岁。
　　现在差7分9点。
　　其实／说实在的，我也不太喜欢。
　　我举个例子，你就明白了。

日语的「実は」常作为说明某件事开头儿来使用，和"其实、说实在的"基本相当。

乙

　　拿穿衣服这事儿来说，就能看出每个人的特点。
　　老实说吧，这不是新的。

我们是昨天晚上坐东航的 356 次航班来的。

比方说签名吧，有的人喜欢，有的人讨厌。

丙

我参加这个考试，为的是以后做使用汉语的工作。

一是没有时间，二是钱也不多了。

因为现在是连休，所以不好订房间。

之所以来晚了，是因为路上堵车。

我再看看说明书，省得弄错。

这件羽绒服里面的鸭绒占百分之八十五。

5.19 描述

甲

这个菜很辣。

那件大衣非常有特点。

这个房间有点儿小。

乙

那儿的风景美极了。

下了一夜的雪，到处都是白的。

她一脸不高兴。

"形容词＋极了"的说法文学色彩较浓，不适合用于日常口语。"她一脸不高兴"（彼女は不愉快だと顔中に書いてある）是非常有汉语特点的口语说法，适于中高级阶段的教学。

丙

天热得＋好像／仿佛＋要着了。

这西红柿像苹果似的。

5.20 比较

甲

这个比那个便宜。

你也不比她差。

小张比小李爱学习。

广州没有北京那么冷。

坐车不如骑自行车。

今天比昨天暖和一些／得多／多了。

这件＋和／跟／同／与和那件＋一样／不一样／相同／不同。

"比"本来和「より」相当，两者都是虚词，但日语母语者，包括高级阶段的学习者和汉语教师，常常把它解读为「〜に比べて」，明显是受汉字的影响。"和、跟、同、与"是用于表比较的4个介词，"跟"是口语，"同、与"是书面语，"和"口语和书面语都用，使用范围最广。初级阶段可只教"和"。"一样、不一样"是口语，"相同、不同"是书面语，"不相同"只在构成四字格"大不相同"时使用。

乙

这种和那种没什么不同／没多少差别。

那个不如这个。

这个和那个差别不大／差别很大。

飞机比不上高铁快。因为车站比机场近。

和／跟／同／与台湾＋比／比较／相比，还是这儿方便。

丙

这种手机跟那种类似／近似。

比日本＋还／都＋贵。

今年＋高过／胜过／强过／超过＋往年。

今年＋高于／重于／大于／好于＋往年。

公园里的灯亮得如同白天一般。

5.21 评价

甲

这个歌很好听。

这个电视剧挺有意思的。

她的汉语还可以。

　　雪花啤酒味道不错。

　　这个饭店不怎么样。

　乙

　　她住的公寓条件一般。

　　老张的英语马马虎虎。

"马马虎虎"可用来表「まあまあです」或「めちゃくちゃ」两个意思，须按上下文判断。

　丙

　　鱼香肉丝好吃极了。

　　这件衬衫的质量简直不像话。

　　那个画展很值得看。

　　北湖公园太小，不值得一去。

5.22 概括

　甲

　　就这样，我就到你们学校来了。

　　情况就是这样。

　　我知道的就是这些。

　乙

　　总的来说／总的来看，病情是稳定的。

　　归根结底，没有大问题，不用担心。

　丙

　　综上所述，下半年的经济形势有所好转。

　　概括起来说，汉语的介词都放在名词前面。

　　总之／总而言之，这件事应该重视。

"总而言之"本来是书面语，但和「要するに」意义相近，中高级学习者容易接受，也比照「要するに」的用法作为在会话里使用。应予说明，汉语在日常会话层次的口语里不用这一说法。

5.23 通知

甲

下午 1 点在二楼会议室开会。

明天第三节考试。

乙

5 月 23 日在礼堂举行毕业说明会,请准时参加。

丙

请新报到的外国留学生星期一上午 8 点到教务科办选课手续。

开学典礼定于 9 月 1 日上午 10 点举行,特此通知。

乙和丙的说法只用于书面。

5.24 报告

甲

来客人了。

赵星下星期要结婚了。

李老师要回国了。

今天晚上有韩国电视剧。

乙

明天下午我市有+中到大雨 / 小雪 / 大风。

乘坐 CA5304 航班的旅客请注意,我们非常抱歉地通知您,由于天气的原因,飞机不能按时起飞。起飞的时间请您等候通知。

丙

《城市晚报》昨天第五版刊登了我校获奖的消息。

张程教授 7 月 18 日因病逝世。

5.25 转告、转述

甲

桥本,周老师让你下课以后在教室等一下。

孙博说她考上研究生了。

5 附录 表现教学参考大纲

　　听我妈说吴天心有事找你。
　　听天气预报说明天全天晴。
乙
　　丁经理，林总让我转告你，订货会延期了。
　　赵老师让我问你好。
丙
　　据说熊猫最爱吃这种竹子。
　　有网页介绍说，新总统上任后马上和她通了电话。
　　据有关人士说，油价将进一步下调。
　　据外交部新闻司的消息，王外长定于八月上旬出访欧洲。
　　据＋报道／调查／介绍／记载，郭德华在那儿住过。
丙的说法都只用于书面语。

5.26 解释
甲
　　减肥是"采取措施减轻体重"的意思。
　　我来解释一下，你误会了，不是那么回事儿。
　　张老师的意思是说，学外语敢说才能进步。
　　换句话说，就是日元便宜了。
乙
　　也就是说，不用在乎别人怎么说。
　　"下课"＋就是指／指的就是＋被撤职。
　　我没不满意你，只是有点儿不理解。
丙
　　说得准确点儿／更准确地说，不生气是为自己好。
　　所谓"换位思考"，就是站在对方的立场上考虑问题。

5.27 列举

甲

人参、枸杞什么的,都很受欢迎。

对京剧、风筝、二胡等等,她都感兴趣。

什么哈密瓜呀,羊肉串儿啦,无核葡萄哇,好吃的很多。

这些留学生,有的是美国人,有的是韩国人,有的是越南人。

高中同学,出国的出国,去外地的去外地。

乙

长寿的秘诀,第一是注意饮食,第二是经常锻炼,第三是保持好心态。

她这次到香港,一来是观光,二来是看朋友,三来是购物。

丙

今年小麦减产的原因,一则低温,二则台风,三则干旱。

丙的说法只用于书面语。

5.28 纠正

甲

不,你说的不对。

不是不好学,是／而是＋你不学。

你错了,是 2359,不是 2395。

不一定吧,不会那么简单。

哪儿啊,北方人也不都会滑冰。

什么呀,猕猴桃不是桃儿。

乙

哪像你说的那样?

话不能这么说。

丙

我更正一下。

特此更正

"我更正一下"是正式场合的口语,"特此更正"只用于书面。

5.29 询问

甲

[问姓名]

您贵姓? 你叫什么名字?

[问国籍]

你是哪国人?

[问年龄]

[问十岁左右的孩子] 你几岁了?

[问十岁以上的孩子或和自己年龄差不多的人] 你多大了? / 你二十几了? / 三十几了 / 四十几了 / 五十几了 / 六十几了?

[问老年人或长辈]您多大年纪了? / 您多大岁数了?

你属什么?

[问生日]

你是几月生的?

你的生日是几月几号?

[问爱好]

你爱好什么?

你有什么爱好?

你喜欢听音乐吗?

你对什么+感 / 有兴趣?

[问看法]

你对这件事怎么看?

你对老刘有什么看法?

你对去外国留学有何高见?

请谈谈你对中国政治的看法。

[问学历]

　　　　你是什么学校毕业的?
　　　　你是哪个大学毕业的?
［问简历］
　　　　你都做过什么工作?
［问身高］
　　　　你有多高?
　　　　你有一米八零吗?
［问职业、职务］
　　　　你现在做什么工作?
　　　　你是搞什么的?
　　　　你在什么单位工作?
　　　　你是什么职称?
［问体重］
　　　　你有多重?
　　　　你有七十公斤吗?
［问健康状况］
　　　　你身体怎么样?
　　　　你有什么病没有?
［问家庭］
　　　　你家有几口人?
　　　　你家都有什么人?
　　　　你有没有＋哥哥／弟弟／姐姐／妹妹／孩子?
［问婚姻状况］
　　　　你结婚了吗?
　　　　你有没有＋男／女＋朋友?
　　　　你有没有对象?
［问成绩］
　　　　老师，我考得怎么样?
　　　　老师，我考得好不好?

　　　　我考了多少分?

　　　　我能不能及格?

[问时间]

　　　　现在几点了?

　　　　今天星期几?

　　　　今天几号?

　　　　什么时候去新加坡出差?

　　　　几点发车?

　　　　你当了多长时间的老师?

[问节日]

　　　　今年的春节是哪天?

　　　　教师节是几月几号?

[问天气]

　　　　明天天气怎么样?

　　　　今天晚上有雨吗?

　　　　明天下不下雪?

　　　　下星期有台风吗?

[问气候]

　　　　东北的气候怎么样?

　　　　那儿的＋夏天 / 冬天＋热不热 / 冷不冷?

　　　　北海道的＋春季 / 夏季 / 秋季 / 冬季＋从几月到几月?

　　　　大连＋的春天 / 夏天 / 秋天 / 冬天＋怎么样?

　　　　西安一年当中什么季节最好?

[问温度]

　　　　明天＋最高 / 低气温＋是多少度?

　　　　北京冬天最冷多少度?

　　　　海口夏天最热多少度?

[问习惯]

　　　　你吸烟吗?

你喝不喝酒?

你喜欢散步吗?

[问风俗]

过元宵节有什么习惯?

西藏有什么特殊的风俗?

[问价格]

多少钱?

多少钱一个／一斤／一盒?

一共多少钱?

[问质量]

这种相机的质量怎么样?

这个软件好用吗?

[问面积]

这个房间的面积＋是／有＋多大?

[问体积]

这个箱子的体积＋是／有＋多大?

多大的箱子可以随身携带?

[问高度]

这个山有多高?

这个塔的高度是多少?

[问长度]

万里长城有多长?

青藏铁路长多少公里?

[问宽度]

这条河有多宽?

从楼梯到窗户有多宽?

[问深度]

这个水池有多深?

这条峡谷深多少米?

[问重量]

　　这条鱼有多重?

　　你的行李一共有多少公斤?

　　对不起,我的行李超重了吗?

[问型号]

　　这个充电器是世界通用的吗?

　　这台打印机是什么型号的?

[问颜色]

　　你的手机是什么颜色的?

　　那件旗袍是黄的还是蓝的?

[问形状]

　　你说的吹风机是什么样子的?

　　那种糕点是什么形状的?

[问方向]

　　这是什么方向?

　　那边是东边,还是西边?

　　请问,哪个方向是南?

[问路]

　　请问,历史博物馆在哪儿?

　　请问,哪儿有银行?

　　请问,这附近有没有厕所?

　　请问,去地铁站怎么走?

　　请问,去机场怎么坐车?

　　请问,(去)海滨公园坐哪个车?

[问距离]

　　那里离这儿有多远?

　　走到那儿得多长时间?

　　八达岭离这儿有多少公里?

[问名称]

这是什么?

这个东西叫什么?

这种东西汉语叫什么?

[问种类]

你们店有几种饺子?

请问,26 号的旅游鞋有几种?

[问号码]

你穿多大号的鞋?

你穿大号的,还是中号的?

你家的电话是多少号?

他的手机是多少号?

老李的房间号是多少?

请问,你的护照号码?

[问牌子]

这相机是什么牌儿的?

你的笔记本电脑是什么牌子的?

你用什么牌子的化妆水?

[问成分]

你们班的留学生都是哪国的?

明天的会都什么人参加?

这种感冒药里有哪些成分?

[问去向]

林丽去哪儿了?

老赵到什么地方去了?

你们打算去哪儿旅行?

这个车是去哪儿的?

568 航班飞哪儿?

[问功能或用途]

这有什么用?

这种药治什么病?
这个东西能干什么?

[问方法]
那件事你有什么好方法?
怎么才能把这事儿办好呢?
这个菜怎么吃?
这个词典怎么换电池?
用什么方法能查到那篇论文?

[问原因或理由]
他为什么没来?
你怎么不说话呢?

[已发生的情况]
你怎么了?
房间里的空调怎么了?一点儿也不热。

5.30 辨认、区分

甲

这是我的,那是他的。
这不像新的。
他好像是泰国人。
他们说的好像是德语。

乙

看得出来,这就是你说的名牌化妆品。
听出来了,这是她唱的。

5.31 排除

甲

除了钱包以外,都放在房间里。

乙

昨天的事先不说,就说今天怎么办吧。

丙

什么时候去暂且不谈,先说去不去吧。

除非骑自行车去,要不来不及。

丙的说法也可用于口语。

5.32 判断

甲

老师一定能同意。

他们肯定参加。

乙

再等一会儿,她一定会来的。

丙

根据情况判断,那件事进行得不太顺利。

从现在的湿度判断,下午肯定下雨。

山田一定是有什么事儿,不然／否则＋早来了。

5.33 推论

甲

按说孩子该回来了。

按理说,她昨天应该回个电话。

乙

看样子要下雨。

照老秦的说法,他根本不知道那事儿。

丙

他没买到明天的机票,这样一来,大家就不能一起走了。

从道理上说,他们肯定会那么做。

他的病那么快就好了,可见／由此可见,哪种药很有效。

小张辞掉了这里的工作,如此看来／如此说来,可能是要去国外了。

丙的说法也可用于口语。"如此看来、如此说来"和日语的「そういえば」意义接近。

5.34 同意、赞成
甲
　　我同意你的意见。
　　我也这么看。
　　可不／可不是／说得是／就是／没错儿!
　　就这样吧,同意。
　　就这么办。
　　是啊,你说的对。
　　没问题。
　　买就买吧。
"买就买吧"是一种让步的同意,和日语的「～するならしよう」近似。
乙
　　他说的一点儿不错。
　　当然／那还用说!
　　好主意／主意不错!
丙
　　我和他们的意见一样。
　　你说出了我的心里话。
　　毫无问题!
　　我完全赞成他们的意见。

5.35 反对、不赞成
甲
　　我不同意。
　　我不同意这种说法。
　　这种说法有问题。

我不赞成。

我不这样认为。

乙

不见得像你说得那样。

我不能接受他的观点。

怎么能那么办呢?

理解是理解,不过／但是＋还是不能同意。

丙

我对这事持保留意见。

5.36 否定

甲

不是。

不去。

不想吃。

没有说过。

不对。

不好吃。

根本不是那么回事儿。

一点儿也不对。

"一点儿也不对"和日语「全然違う」的全面否定的意义和语感非常接近,很容易为学习者理解和掌握。

乙

好＋对什么呀!

哪儿啊!

我不相信。

丙

什么时候有过这样的事?

从来没有过这样的事。

谁信哪?

难道你会相信吗?

哪儿有的话?

怎么知道?

5.37 相信

甲

我相信。

确实是那样。

没错!

是真的!

错不了。

乙

老师不会说谎的。

会是那样的。

我有把握,错不了。

不管是谁,都会相信。

丙

我确信无疑。

我觉得毫无疑问。

我深信他说的是事实。

丙的句子都不用于口语。

5.38 不相信

甲

我不相信。

我才不信呢。

这种话谁相信哪!

我不信,这不可能!

不会的。
乙
得啦，得了吧。
别逗了！
他骗人！
骗得了别人骗不了我。

"得啦，得了吧、别逗了、他骗人"作为汉语表示不相信的说法虽然属于乙类，但是它们分别和日语的「もうやめよう」「もう冗談言わないで」「うそつき！」意义和语感接近，容易进行教学并被接受。

丙
他说的跟真的一样。
这种人我见得多了。
这种话我听得多了。

5.39 怀疑

甲
这是真的吗？
这能是真的吗？
不会吧？
不见得吧？
怎么可能呢？
哪会这样呢？
怎么会是这样呢？
你没听错吧？

乙
我怀疑。
难道是真的？
他能那么做吗？
渡边怎么会这样呢？

丙

　　这里边儿有事儿。

　　这里边儿有鬼。

　　这里边儿有文章。

　　你记错了吧?

　　你没有算错吧?

5.40 承认

甲

　　我承认。

　　我承认他说的对。

　　是我不对。

　　是我的错。

　　是我搞错了。

　　这是我的责任

　　我是说过。

　　这事儿怪我。

　　这事儿怨我。

乙

　　我大意了。

　　我太马虎了。

丙

　　这个错误是我造成的。

5.41 否认

甲

　　我根本不知道这事。

　　我一点儿也没责任。

　　我连听说都没听说过,更不用说参与了。

我连见都没见过，更别说和他们一起干了。
乙
　　　我从没去过那儿，怎么会在那儿出事故呢？
丙
　　　他说认识我，其实不然，我没见过他。
　　　这完全是无中生有。
　　　这是造谣。

5.42 有能力/无能力
甲
　　　没问题。
　　　我能翻译。
　　　他会用电脑。
乙
　　　我干得了(liǎo)。
　　　他做得好这事儿。
　　　干这个，他还行。
　　　修个自行车对郑师傅来说太容易了。
　　　他不会开车。
　　　这工作小杨可干不了(liǎo)。
丙
　　　她怎么做得了这事儿呢？
　　　这对我来说简直太难了。

5.43 估计
甲
　　　大概有一百多人吧。
　　　她恐怕来不了吧。
　　　也许是吧。

这次说不定能行。
　　他早就毕业了吧。
乙
　　我想会考上的。
　　我猜他们两个能成。
　　我估计错不了。
丙
　　听口气，他没生气。
　　我看行。
　　看起来有点儿困难。
　　看上去至少有 50 斤。
　　听上去他们谈得很好。

5.44 必须 / 不必

甲
　　我必须去。
　　你得参加会。
　　他不来可不行。
　　不用去了。
　　用不着发传真。
乙
　　不必亲自写吧。
　　用不着买。
丙
　　何必着急呢。
　　值得花那么多时间吗？

5.45 知道 / 不知道

甲

我知道。

我早就听说了。

我太了解她了。

别人已经告诉我了。

我不知道。

我没听说。

乙

我不了解。

那个人我熟悉。

我根本不认识她。

丙

我怎么会了解呢?

他对这事儿了如指掌。

5.46 接受

甲

好!

行!

可以!

好吧!

没问题!

一定办到!

谢谢你的邀请,我一定参加。

谢谢你的礼物,我很喜欢。

感谢你的批评,我下次一定注意。

乙

你的批评很对,我一定接受教训。

这样的条件，我们可以接受。

丙

我们同意以这样的条件成交。

你的建议很好，我们一定采纳。

5.47 拒绝

甲

不行。

绝对不行。

怎么说也不行。

不行，这事我实在办不到。

对不起，可能办不到

对不起，我明天有事，去不了。

有点难办。

恐怕不好办。

以后再说吧。

这礼物我不能收。

我考虑考虑吧。

我们研究研究再说。

"我考虑考虑吧、我们研究研究再说"和「考えてみます」「検討させていただきます」都是表示婉拒的说法，构成和语义都很接近，是较为理想的教学材料。

乙

我已经经有约会了，实在抱歉。

对不起，我有点儿不舒服，不想去。

丙

这种礼物绝对不能收。

你的心意我领了，但礼物无论如何不能收。

谢谢，我自己能来。

谢谢你的好意，但我想我自己能解决。

5.48 选择

甲

是你来？还是我去？

或者星期一，或者星期三。

他不是美国人，就是加拿大人。

乙

要么打电话，要么发邮件。

或是买，或是不买，赶快决定吧。

丙

我+宁可/宁愿/宁肯+不睡觉，也要把这本书看完。

我+宁可/宁愿/宁肯+买新的，也不/也决不/也不+再用它了。

与其修理，倒不如买新的。

5.49 表扬

甲

谢老师是个好老师。

山下是个很优秀的学生。

你的发音很清楚。

你说得不错。

乙

你积极练习非常对，错了也没关系。

孩子这样做是对的。

丙

孙秀敏同学拾金不昧，特提出表扬。

5.50 批评

甲

你这样做是不对的。

你不应该影响别人。

不认真做练习就应该批评。

上课睡觉可不行。

你是怎么开车的?为什么不注意安全?

乙

你怎么能这样做呢?

都是大学生了,还这么不懂事。

这未免太过分了。

希望你以后不要这样。

丙

希望你今后改掉这些缺点。

这是你应该做的吗?

你这样对得起父母吗?

开这样的玩笑非但不能帮助他,反而会让他失去信心。

你这样下去,早晚要犯大错误的。

这种做法显然是错误的。

你的要求是不合理的。

你整天玩儿手机,怎么能学习好?

对章广文同学的这种行为,特通报批评。

5.51 责备

甲

真不像话!

这+像什么话/什么样子!

哪有你这样的!

你不觉得太过分了吗?

你也太随便了。

有他这样工作的吗?

乙

这成什么样子了?
他就会讲歪理。
这个人从来不认错儿。
你怎么能这么不负责任呢?

丙

怎么可以这么跟父母说话呢?
你怎么这么不懂事!
他怎么那么不讲理呢?
好好的一场比赛,让你给搅得乱七八糟。
好端端的聚会,让你搅得不欢而散。
怎么就不能考虑一下别人的感受呢?
亏你还是个大学生。

5.52 质问

甲

你到底是怎么想的?
这究竟是为什么?
你还有没有点儿良心?
你为什么说话不算数?

乙

你凭什么这么做?
怎么会这样?

丙

你这不是蛮不讲理吗?
难道你听不懂我的话吗?

我问你,你当时在干什么?
老实说!为什么?

5.53 决定

甲

我决定了。

我决定了,就这么办吧。

我决定了,就按你说的办吧。

好了,就这样吧。

那件事儿定下来了。

乙

我决定,暑假去北京短期留学。

这次我打定主意了,决不再改变了。

丙

我的决心已定,一定要把这事办成。

5.54 保证

甲

保证／绝对没问题。

那件事一定办。

我既然答应了,就一定办。

乙

准保／保险／保准＋按时去。

丙

不管／无论有什么困难,都保证完成。

哪怕天气再不好,我们也一定去。

5.55 信任／不信任

甲

老王那个人可靠。

田中靠得住。

这种网上的公司靠不住。

那个人＋准／保管＋没问题。
　　　你决定吧。
乙
　　　老李那个人靠谱。
　　　那个公司信得过。
　　　这孩子说话不靠谱。
　　　我信不过那种人。
　　　你做主吧。
丙
　　　你看着办吧。
　　　他办事我不放心。
　　　让他去订机票，行吗？

5.56 服从
甲
　　　行！
　　　可以！
　　　好吧！
　　　好，好！
　　　行，行，听你的。
　　　我没意见，都听你们的。
乙
　　　我服从经理的决定。
　　　好，就照你说的做吧。
丙
　　　我随你。
　　　我服从。

5.57 犹豫

甲

我考虑考虑吧。

让我考虑考虑吧。

他有点儿拿不定主意。

现在我还下不了决心。

乙

他们现在还决定不了。

我决定不下来。

丙

想来想去,我还是决定不了。

他左思右想,还是举棋不定。

5.58 听任

甲

晚会的事儿+由/随+他去准备吧。

那事儿都交给你了。

随你们的便,怎么都行。

随他便吧。

随你便吧。

日语的「好きなようにしなさい」也是表听任的说法,略含说话者不满的语气,"随你便吧"与此相似。

乙

算了吧,就这样吧。

让他张罗去吧!

你说买就买吧,反正我也说服不了你。

丙

既然你们都没意见,我也只好同意。

任他去吧。

他当主任就他当吧,我不在乎。
听其自然吧。

5.59 有把握
甲
没问题。
一点儿问题也没有。
没错儿。
错不了。
我有百分之百的把握。
我心里有数。

乙
不成问题。
不会错。
那事儿准成。
肯定晚不了。
一定能考上。
他心里有谱儿。

丙
这个营销策略必定成功。
我敢说没问题。
不成才怪呢。
他早就胸有成竹了。
我们队十拿九稳拿冠军。
他们队稳操胜券。

5.60 无把握
甲
恐怕不行吧。

我心里没底儿。
　　　我心里一点数儿也没有。
　　乙
　　　能不能成很难说。
　　　这可不好说。
　　　我不敢保证。
　　　我可说不准。
　　　谁都拿不准。
　　　我说不好。
　　丙
　　　我看未必能成。
　　　我只有一半的把握。
　　　我有百分之五十的把握
　　　天知道会怎么样。
　　　谁说得准哪！

5.61 喜欢、爱 / 不喜欢
　　甲
　　　我很喜欢那件毛衣。
　　　他喜欢打网球。
　　　我爷爷爱喝酒。
　　　他对古典音乐很感兴趣。
　　　我对养宠物不感兴趣。
　　乙
　　　奶奶最爱孙子。
　　　他不太喜欢看电视。
　　丙
　　　她们热爱生活，喜欢运动。
除了作为答句之外，"喜欢"和"不喜欢"都很少单说，和日语的「好きです」不一样。"热爱"不能用于口语。

5.62 高兴／不高兴

甲

  收到了你的信，我很高兴。
  我太高兴了。
  她怎么也高兴不起来。
  上野一点儿也不高兴。

乙

  听说你要来，我高兴极了。
  我高兴得不知道说什么好。
  她好像＋不高兴／不太高兴。

丙

  我很高兴和你见面。
  这使我很愉快
  我很开心。

和"很高兴和你见面"类似的说法还可举出"很高兴能帮助你、很高兴去"等，多用于书信，口语里不常用。"开心"有南方方言色彩。

5.63 愿意／不愿意

甲

  我愿意去。
  我愿意给你们当翻译。
  她不愿意当导游。

乙

  当然可以。
  那种事儿我不想干。

丙

  我早就有这个愿望。

5.64 满意 / 不满意

甲

我对这个工作非常满意。

你说得＋很好 / 非常好 / 太好了。

那个电影一般吧。

他的那个做法，我不满意。

乙

基本上可以。

我觉得还差点儿。

这也太次了。

这篇论文内容有点儿空。

丙

他怎么能这样呢?

样子还可以，不过贵了点儿。

5.65 称赞

甲

他唱得＋真好 / 太好了!

这孩子又聪明又漂亮。

他可真了不起!

汉语里没有和日语的「最高！」「一番！」「ナンバーワン！」等完全对应的说法，学习者们表示称赞的时候，常常比照日语，说出"最好!第一!"等，应予说明，这些不是汉语自然的说法，因为汉语的这两个说法不表主观称赞，而表客观比较的结果，依存于比较项才能使用。

乙

这篇文章写得好极了!

老周真有两下子。

高桥的汉语真让人佩服!

他真不愧是短跑运动员哪!跑得真快!

丙

小丽真棒！
这种酒真是名不虚传。
他写的诗没人比得上。
这个店的饺子太好吃了，谁也比不上。
他们公司的产品在世界上名列前茅。
真想不到竟有这么美丽的风景。
别看刘教授六十多了，身体好得赛过小伙子。
这个布老虎儿看上去跟真的似的。

5.66 后悔

甲

我很后悔没把那件衣服买下来。
没去那个公司工作，中田现在很后悔。
当时我不该那么做。
他现在后悔得要命。
现在说什么都晚了。
咳！真遗憾！

乙

当时和她一起去就好了。
真不该让她一个人去。
早知道减价，就不买了。
我真后悔说那句话。
唉！真可惜！

丙

他对做过的事感到后悔。
我悔不该买了那栋房子。
回想往事，后悔莫及。
已成事实，悔之晚矣！

5.67 希望

甲

我希望毕业以后能留在上海工作。

真想再听一遍她唱的歌。

能考上研究生就好了。

要是你能回来参加该多好哇!

乙

孩子们都＋盼／盼望着＋圣诞节的到来。

他巴不得早点儿回国。

川口恨不得马上就回去。

这是我求之不得的。

丙

她们向往着毕业以后的新的生活。

花店的老板指望情人节的时候多买一些花。

孩子们＋期望／期待／渴望着＋美好的将来。

她望眼欲穿地盼着儿子回来。

当老师是赵梅梦寐以求的理想。

5.68 失望

甲

没找到工作，他很失望。

老张对自己的孩子很失望。

那个公司一直没回信，没希望了。

飞机已经起飞了，着急也没用了。

乙

这次考试的成绩让他＋泄气／灰心。

生活里困难太多，让人失望。

丙

大学没考上，他心凉了。

他感到前途渺茫。
希望成了泡影,他觉得＋/遗憾/寒心。
她已经心灰意冷了。
一个个的挫折和失败使他心若死灰。

5.69 担心

甲

妈妈有病住院了,她很担心。
女儿一个人去旅行,妈妈不放心。
我怕这台旧电脑出故障。
咱们都没带伞,要是下雨怎么办呢?

乙

手机可千万别没电。
现在的经济形势叫人担心。

丙

导游对几个自己上山的游客感到担心。
不少学生为自己的前途担忧。
夜里开车走山路,他一直提心吊胆的。
想到明天的面试,木下觉得忐忑不安。
大家都为那个救火的消防队员捏一把汗。
大夫的表情让他心里直打鼓。
再得1分A队就赢了,她的心跳到嗓子眼儿了。
不知道小玲能不能跟他谈恋爱,李平心里七上八下的。

5.70 害怕

甲

又来台风了,小明很害怕。
我什么都不怕,就怕花粉。
学生怕考试。

这只乌鸦吓死我了。

乙

以前我不敢在别人面前大声说话。

刚才差点儿掉下山去,她吓得直＋出冷汗／打冷战。

第一次坐过山车,小梅害怕得心直跳。

丙

看了那年地震的录像,大家都觉得＋不寒而栗／心惊肉跳／毛骨悚然／心有余悸／触目惊心。

一朝被蛇咬,十年怕井绳。出过交通事故的人总是十分小心。

5.71 讨厌

甲

讨厌!

这种人真讨厌!

这些垃圾邮件可真烦人。

空调的声音讨厌死了。

梅雨天太讨厌了。

乙

电视里没完没了的广告真烦人!

他的话让人＋厌烦／心烦。

这个课的考试让人头疼。

丙

讨厌极了!

你有完没完了?

日语的「嫌です」汉语既可以说"讨厌",也可以说"烦人"。前者的语义重点是"不喜欢";后者的语义重点是"难以忍受"。

5.72 抱怨

甲

你真是的,为什么不说话呢。

都怪你!

都是你!

都是你不好!

都是你的错。

你怎么能这样?

你看你,怎么能这么跟孩子说话呢?

乙

要不是你,事情也不会这样。

都是你害了我们,也得重写作业。

要不是他迟到,咱们也不会晚。

丙

你爸呀,就爱吹牛。

你就知道上网,家务活一点儿也不干。

真倒霉!又没赶上车。

不是喝酒,就是睡觉,这个黄金周你白过了。

你把我的好心当做驴肝肺。

我这是好心不得好报。

5.73 庆幸

甲

多亏我带伞了,要不非浇感冒了不可。

幸亏你提醒我,我差点儿忘了。

谢天谢地,终于晴天了。

要不是他叫我,今天又得迟到了。

太巧了,我正想给你打电话呢。

我经过这儿顺便看看,没想到你在家。

乙

　　真凑巧，我钱包就有 156 元，不多也不少。

　　我运气真不错，中了个三等奖。

丙

　　幸好我没坐那个车，要不说不定也得受伤。

　　亏得我复习了第五课，不然答不上那道题。

　　我以为没希望了呢，想不到等到了退票。

5.74 意外

甲

　　你说什么？真的吗？

　　这是怎么回事？为什么突然停电了？

　　你是怎么了？又哭又笑的。

　　真没想到我能选上。

乙

　　真叫人难以相信！

　　从来没听说过这样的事儿。

丙

　　太出人意料了！

　　这事发生得太突然了。

　　我简直不敢相信自己的＋眼睛／耳朵。

5.75 吃惊

甲

　　哎呀／嚯／嗬／啊／咦！

　　吓死我了！

　　吓了我一跳。

　　我半天没反应过来。

和日语的「びっくりした」相当的是 "吓了一跳"。第一人称时，多用 "吓

了我一跳"的形式,第三人称时,可从"惊吓源"的视点说"吓了她／他一跳",也可从"吃惊者"的角度说"她／他吓了一跳"。

乙

天哪／妈呀／好家伙!

她惊得说不出话来。

吓了她一大跳。

丙

她愣住了。

这真是祸从天降。

她惊得目瞪口呆。

5.76 奇怪

甲

哎／咦? 怎么回事?

奇怪,为什么上不了(liǎo)网了?

真奇怪,牙突然这么疼。

真怪呀!什么药也没吃就好了。

不知道是怎么回事儿? 她们都看着我笑。

和日语的「おかしいなあ」(不思議だ)最接近的是"真奇怪、真怪呀"。

乙

我怎么也不明白为什么会做这样的梦。

动物怎么会知道要发生地震呢?

我怎么就学不会这个元音呢?

丙

说来也怪,天气突然暖和了。

这幅画画得是什么呀?真是莫名其妙。

我和爸爸、奶奶的生日一样,真是不可思议。

5.77 疑惑

甲

　你为什么不说话呢？

　怎么总是晚上去呢？

乙

　一定是有什么问题。

　她觉得纳闷儿。

　我糊涂了。

丙

　他的话让人摸不着头脑。

　你干嘛非这样不可呢？

　大家像坠入五里雾中。

5.78 顿悟

甲

　我懂了。

　我突然明白了。

　原来是这样。

　我说呢，怪不得他的英语那么好。

和日语的「なるほど」意义最接近的是"怪不得"，但是"怪不得"很少单独成句。

乙

　原来如此。

　我说怎么你们都知道呢。原来她告诉你们了。

　闹了半天，原来是这么回事儿。

丙

　难怪他今天这么高兴，原来是女朋友来了。

5.79 释然

甲

我总算放心了。

他终于理解我了。

这下可好了，房子的分期付款都交完了。

现在好了，丽萍再不怪我了。

乙

给大家道歉以后，她松了一口气。

丙

问题解释清楚以后，他觉得如释重负。

公司同意了他的方案，他心里一块石头落了地。

5.80 无奈

甲

真没办法。

一点儿办法也没有。

有什么办法呢？

现在说什么都晚了。

乙

怎么说他也不听，真拿他没办法。

这样就这样吧。

我同意也得同意，不同意也得同意。

我不同意不行啊。

我不能不……啊。

再拖时间也没办法。

丙

事到如今，只好这样了。

随他去吧。

爱怎么着就怎么着吧。

他也是无可奈何。

我这是不得已的。

何尝不想继续上学呢?

有一线希望,也不会不等的。

5.81 着急

甲

我真着急!

真叫人着急!

真急死人了!

怎么办呢?

怎么办好呢?

和日语的「どうしよう」最接近的,不是"怎么办?",是"怎么办好呢?"。

5.82 伤心

甲

天哪!

妈呀!

我难受死了。

我太伤心了!

我太难过了!

"天哪!""妈呀!"多为女性使用。

乙

她伤透了心。

我真受不了了!

我太痛苦了。

我简直不想活了

丙

她觉得心里不是滋味。

我觉得+寒心／心酸。
他的+心凉了／心碎了。
听到母亲去世的消息,她+心如刀割／心如刀绞／心痛欲裂／痛不欲生。

5.83 道歉

甲

对不起!
真不好意思!
真过意不去!
太对不起了!
实在是+对不起／不好意思!

乙

请原谅!
请多包涵!
实在／十分+抱歉。
我向您道歉。

丙

我们向各位旅客表示深深的歉意。
对此我们公司深表歉意。
我代表医院向患者和家属+致谦／致以深深的歉意。

丙都是伴随法律赔偿等责任的非常正式的说法。

5.84 安慰

甲

你别担心。
放心吧。
好了,别伤心了。
想开点儿。多保重身体。

5 附录 表现教学参考大纲

　　人总有一死，你也太别伤心了。
　　别着急，慢慢想办法。
　　别＋太难受／别太难过，要多保重。
　　没什么／没什么大不了的。
乙
　　你放宽心吧。
　　把心放宽点儿。
　　一点儿小病，休息几天就好了。
丙
　　不要紧，没受伤就好。
　　车坏了可以修，人没受伤比什么好。
　　生病是难免的，慢慢治。
　　一切都会好起来的。
　　这次没考好，下次再考。

5.85 关心

甲
　　你的感冒好了吗？
　　他怎么样？身体好吗？
　　你什么时候结婚？
　　最近忙吗？
乙
　　租好房子了吗？
　　习惯香港的生活了吗？
　　上课能跟上吧？
　　他们说的你差不多都能听懂吧？

5.86 同情
甲
　　这孩子真可怜！
　　这条小狗怪可怜的。
乙
　　我很同情她。
　　我为他难过。
丙
　　他们的遭遇真让人同情。
　　这些难民值得同情。

5.87 原谅
甲
　　我能原谅你。
　　我可以原谅她。
　　下次注意就行了。
　　没关系，别往心里去。
和日语的「気にしないで下さい」最接近的是"别往心里去"，但是这一说法较难，应在分别讲解"别""往""心里"的意义的基础上，讲解整个结构的意义。
乙
　　这也难怪他。
　　谁还没有做错的时候呢？
丙
　　算了，事儿都过去了。
　　他那么做也情有可原。

5.88 遗憾

甲

真／很／非常遗憾！

太＋遗憾／可惜了！

乙

他的早逝实在让人感到遗憾。

差3分就及格了，遗憾。

丙

再快一点儿就打破全国纪录了，实在令人惋惜。

对于发生这样的事故，我们表示遗憾。

5.89 看不起、轻视

甲

他＋懂／知道＋什么！

我最看不起＋这种人／事。

一个新手机算什么呀。

出国留学有什么了不起的。

乙

不就是会唱歌吗？

这算什么体育场？这么小。

丙

他不是当领导的料。

想开公司？他不是那块料。

就这英语，还想当翻译？

5.90 不在乎

甲

无所谓。

怎么都行。

这有什么。
这算什么。

乙

听你们的。
随你的便。
小事儿。

丙

爱听不听。
想怎么样就怎么样吧。

5.91 劝告

甲

你别再抽烟了！
你不要总熬夜。
你们都最好少喝酒。
不要再冒险了。

乙

你要好好学习。
我劝你别再迟到了。
学开车吧。
我看你还是一个人住吧。

丙

算了，别和他一般见识。
何必呢/何苦呢，不用太较真儿。
冷静点儿/想开点儿/看远点儿。
别太往心里去。
天无绝人之路。
车到山前必有路。
留得青山在不怕没柴烧。

5.92 羡慕

甲

　　我真羡慕你。

　　我太羡慕那些会唱歌的人了。

　　你妈真有福气。

　　你真幸运。找了个好丈夫。

乙

　　要是我也是你妹妹多好啊!

　　你真有运气,一买就中。

丙

　　住在东京的人真令人羡慕,能看奥运会。

　　看人家跑得多快啊!

5.93 谦虚

甲

　　您过奖了。

　　我还差得远呢。

　　哪里!哪里!

　　这算不了什么。

　　我写得不好。

和日语的「とんでもない(ありません)」最接近的是"哪里!哪里!"。

乙

　　不敢当,我就是感兴趣罢了。

　　您说哪儿去了。

丙

　　献丑了。

　　雕虫小技,不值一提。

　　让大家见笑了。

　　请提宝贵意见。

请您批评指正。

5.94 请求

甲

请帮帮我。

请帮个忙。

请帮一下忙。

帮我拍一下,好吗?

对不起,能帮我拿一下吗?

劳驾,请让一下路好吗?

拜托了。

日语的「お願いします」在汉语里找不到完全对应的说法,"拜托了"是最接近的。学习者们往往不理解为什么要用"了",按照汉语母语者的想法,在说请求帮助的时候,"拜托"这个动作就已经实现了。

乙

可以给我存一下行李吗?

让我帮您拿吧。

我想用一下你的词典,行吗?

丙

你能不能和科长说说。

不看僧面看佛面,看在我父亲的面上,请帮帮我。

5.95 要求

甲

上课之前要预习。

改签机票要提前3天打电话。

请不要在车内吸烟。

乙

一定要常回家看看父母。

学生得努力学习。

丙

回去请务必按时吃药。

加油站严禁烟火。

单行线＋不准／不许／不得／不能＋进入。

凡是／所有＋车辆都＋要／必须／一律＋慢行。

5.96 命令

甲

站住！

停车！

（考场）把书和笔记本收起来。

（考场）时间到，放下笔！

（飞机内）请关上手机和电脑的电源。

请系好安全带。

别动！

请让开车门。

乙

快／慢＋点儿！

安静点儿！

别说话！

丙

必须参加。

坐下！

你听着！

限你星期三之前写完报告。

5.97 建议

甲

　　我建议你亲自去一趟。

　　我们最好先打个电话。

　　咱们走着去＋好吗／行＋吗?

　　还是坐车去吧。

　　这样吧，我们先吃饭，边吃边谈。

　　先用一下试试怎么样?

　　你看这样＋行不行／好不好?

乙

　　你能不能慢点儿说?

　　我们是不是早点儿出发?

　　这么着吧，问问老陈再决定。

丙

　　我有个主意。

　　要不／要不然＋你先去，我后去。

　　我提议会议改时间。

　　你有什么建议，不妨先说说。

5.98 提醒

甲

　　别忘了带手表。

　　注意汽车!

　　车来了!

　　记着点儿她的生日。

　　你的手机!

　　该走了，不走就来不及了。

　　小心路滑，别摔了。

乙

想着给你爸妈打电话。

　　　记住上网的密码。

　　　当心别感冒。

　丙

　　　告诉你，可不能不吃早饭哪。

　　　千万别忘了关煤气！

　　　不能再睡了。

　　　必须办理延期手续，否则机票就作废了。

5.99 制止、禁止

　甲

　　　不要大声讲话！

　　　别关电源。

　　　少熬夜。

　　　这可不行。

　乙

　　　不用／不必＋买礼物了。

　　　得了得了／好了好了／算了算了／行了行了＋别说了。

　丙

　　　不准／不许＋酒后驾车！

　　　池塘禁止钓鱼。

　　　仓库严禁烟火。

　　　请勿在此停留。

　　　游客止步。

　　　闲人免进。

　　　谢绝来访。

丙都是书面形式告示牌，但表示禁止或提示时，在口语里也可以使用。

5.100 催促

甲

　　快！快点儿！

　　快跑！

　　快点儿走。

乙

　　抓紧点儿。

　　赶快写吧。

丙

　　到截止日期就剩一天了。

　　再不去银行要关门了。

　　请更换新墨盒。

5.101 警告

甲

　　我警告你，以后不要再来了。

　　告诉你，这样下去会生病的。

乙

　　你别整天总看电脑，不然的话，会把眼睛看坏的。

　　要是不按时交费，就不能继续使用了。

　　我给你一个忠告：不要再说假话了。

　　要是你不改，我就不和你交往了。

丙

　　只此一次，下不为例。

　　在市区放鞭炮可不是闹着玩儿的。

　　我把丑话说在前面，你再这样我就不理你了。

　　咱们把话放在这儿，你对孩子不好，我就和你离婚。

　　要是／如果＋还／再＋这样继续下去的话，就不让你开车了。

　　你们必须停止这种违约行为，否则我们就终止合同。

此处游泳危险,违者后果自负。

5.102 委托
甲
　　麻烦你帮我这封信放到邮筒里。
　　请你替我请个假＋可以吗／好吗?
　　你能代我买两节 5 号电池吗?
乙
　　这事就交给你了。
　　订饭店的事全拜托你。
丙
　　我想托付你一件事。
　　张会计把转帐的事托付给出纳员了。
　　本公司的财会业务委托会计事务所办理。

5.103 开始话题
甲
　　今天天气真不错。
　　最近忙什么呢?
　　最近身体怎么样?
　　好久不见了,怎么样?
　　你还在学法语吗?
　　你还在那个公司上班吗?
乙
　　你用微信吗?
　　我想和你商量商量旅行的事儿。
　　昨天晚上看足球了吗?
　　你听说了吗?那个演员离婚了。
　　我有个问题想请教你。

你知道吗？明年公务员要涨工资了。

丙

我想了解一下大家对医疗保险的看法。

有人说会话课太多了，你同意这种看法吗？

听说端午节假期要延长，你对这事怎么看？

5.104 引起注意

甲

各位请注意！

请大家听我说。

请大家安静一下！

你看，那是什么？

乙

嗨！这车开得可真快呀！

对了，我差点儿忘了，前天我碰上老沈了。

那是什么鸟哇？叫得真好听。

5.105 引入话题

甲

请你谈谈演艺圈的事儿吧。

这个情况你清楚，你说说吧。

你再详细说说怎么样？

我们都不知道，你说说。

大家都想听，你就说说吧。

乙

我很想知道这方面的情况。

前面的情况我知道了，后来呢？

说实话，我跟别人可没说过。

要我说呀，可不像你们想的那么简单。
更有意思的事你们都不知道。

丙

我们都是一知半解，就你全知道。
既然如此，那我们就来讨论一下。

5.106 改变话题

甲

对了，你买车的事儿怎么样了？
还有一件事那天我忘问了，你知道怎么打拼音吗？
我差点儿忘了。你什么时候去上海出差？

乙

说正经的，我最近看到一本好书。
这件事就到这儿吧，我们说点儿别的。

丙

这事儿以后再说，咱们先谈谈正事。
唉，唉，别扯得太远，说说明天的事儿。
工作的事儿先不说，先说说这个星期天干什么吧。
说到小学同学，我想起一件别的事来。

5.107 请对方重复

甲

对不起，请再说一遍。
老师，再讲一遍好吗？

乙

对不起，我没听懂，能不能再说一遍？
对不起，我没听懂，能不能慢点儿说一遍？

丙

请再重复一遍。

5.108 插话

甲

　　对不起，我想插一句。

　　对不起，我打断一下。

这两句都可以用来对应日语的「お話し中すみませんが」，第一句比第二句客气一些。

　　我忽然想起来了，我再说一句。

　　你们正说话对不起，我先说个事儿。

乙

　　我们说点儿别的怎么样？

　　咱们最好说点儿别的。

　　对不起，我想跟他说点儿事。

　　对不起，耽误您点儿时间。

丙

　　我冒昧地问一句。

　　主席先生，请允许我插一句。

　　请问，能让我插一句话吗？

丙是会议等场合的正式的说法。

5.109 退出交谈

甲

　　你们谈，我还有点儿事儿，先走一步。

　　你们谈着，我出去一下。

　　对不起，我该走了。

乙

　　我有点儿事儿，失陪了。

5.110 结束交谈

甲

今天／这次＋就谈到这儿吧。

今天没时间了，以后再聊吧。

好了，就说到这儿吧。

好了，该吃饭了。

乙

我说完了，谢谢。

今天我们谈得很＋愉快／高兴。

丙

这个问题我们改日再谈吧。

因时间的关系，今天就到这儿吧。

5.111 小结

相同的说法，尤其是一些词汇化程度很高的固定词组，在不同的会话场面里可以实现不同的功能，一些主题比较接近的功能项目，如"吃惊"和"害怕"、"请求"和"要求"、"制止、禁止"和"警告"等，互相关联，很难截然分开。对于这些，大纲的作者未避重复，我们在整理充实的时候尽量改换了不同的内容，但也有一些重复的例句。110个功能项目不是内容连续的课文，即使这样，也不妨碍对各个场面的基本句式的把握。大纲出版于2002年，着手编写的时间当为更早，未能收入反映近年社会生活的内容，是理所当然的。我们在按大纲造句的时候，尽可能地使用了一些新的词汇，力图使它更便于直接使用。此外，有些场面列举的说法，似有挂一漏万之嫌，我们也做了一些补充。毋庸讳言，我们做的工作，不是原创性的工作。期望通过本书附录的形式和我们的介绍，能使大纲在日本的汉语二语教学发挥更大的作用。

参考文献

相原茂・石田知子・戸沼市子 1996『Why?にこたえる はじめての中国語の文法書』同学社

安存丰・赵磊 2016「现代汉语"量名"结构类型学分析」《汉语学习》第 3 期

陈枫 2016《对外汉语教学法》中华书局

崔希亮 2010《对外汉语综合课课堂教学研究》北京语言大学出版社

崔希亮 2011《认知语法与对外汉语教学论集》北京语言大学出版社

古川裕 2008 『中国語の文法スーパーマニュアル』東京アルク

古川裕 2001 「外界事物的"显著性"与句中名词的"有标性"—"出现、存在、消失与"有界、无界"—」《当代语言学》第 4 期

古川裕・黄晓颖 2013《对日汉语语法教学法：怎样教日本人汉语语法》北京语言大学出版社

郭春贵 2001『誤用から学ぶ中国語：基礎から応用まで』白帝社

郭春贵 2014『誤用から学ぶ中国語 続編 1 補語と副詞を中心に』白帝社

郭春贵 2017『誤用から学ぶ中国語 続編2 —助動詞、介詞、数量詞を中心に』白帝社

国家对外汉语教学领导小组办公室 2002《高等学校外国留学生汉语教学大纲》北京语言文化大学出版社

郭锐 2003「"把"字句的语义构造和论元结构」《语言学论丛》第28辑 商务印书馆

金田一春彦他（編）1988『日本語百科大事典』大修館書店

小泉保他（編）1989, 2000『日本語基本動詞用法辞典』大修館書店

林焘・王理嘉 1992《语音学教程》北京大学出版社

卢福波 1996《对外汉语教学实用语法》北京语言学院出版社

陆丙甫 2004「作为一条语言共性的"距离-标记对应律"」《中国语文》第 1 期

陆丙甫 2010《汉语的认知心理研究》商务印书馆

刘富华・吕文杰・东孝拓 2014《对日汉语语音教学法——怎样教日本人汉语语音》北京语言大学出版社

刘勋宁 2007「"得"的性质及其后所带成分」『日本现代汉语语法研究论文选』北京语言大学出版社

刘月华・潘文娱・故韡 1982，2002 《实用现代汉语语法》（增订本）商务印书馆

陆俭明 1988「现代汉语中数量词的作用」《语法研究和探索》（4）北京大学出版社

吕叔湘(編) 牛島徳次・菱沼透(訳)1983 《現代中国語用法辞典—現代漢語八百詞》現代出版

吕文华 2008《对外汉语教学语法探索》（增订本）北京语言大学出版社

吕文华 2014《对外汉语教学语法讲义》北京大学出版社

马庆株 1983「现代汉语的双宾语构造」《语言学论丛》第十辑 商务印书馆

丸尾誠 2010『基礎から発展までよくわかる中国語文法』アスク出版

中川正之・李浚哲 1997「日中両国語における数量表現と名詞」『日本語と中国語の対照研究論文集（上）』くろしお出版

野田高広 2011「現代日本語の習慣相と一時性」『東京大学言語学論集』31

岡部謙治 1993『この中国語はなぜ誤りか』光生館

小川郁夫 2006『中国語発音・完成マニュアル』白帝社

大河内康憲 1985「量詞の個体化機能」『中国語学』232

奥津敬一郎 2004「連体修飾とは何か」『日本語学』vol.23 明治書院

齐沪扬 2014《对外汉语教学语法》复旦大学出版社

斎藤純男 2006『日本語音声学入門』三省堂

泽田启二 1983「谈"在"－－从其相关成分谈起」《日本近现代汉语研究论文选》北京语言学院出版社

杉村博文 1994『中国語文法教室』大修館書店

史有为 2013《寻路汉语－语言习得与对外汉语教学研究》商务印书馆

沈家煊 1993「句法的象似性问题」《外语教学与研究》第1期

沈家煊 1995「"有界"和"无界"」《中国语文》第5期

沈家煊 2002「如何处置"处置式"？——论把字句的主观性」《中国语文》第5期

孙朝奋 1994「汉语数量词在话语中的功能」《功能主义与汉语语法》北京语言大学出版社

高橋弥守彦 2006『実用詳解中国語文法』郁文堂

上野恵司 2002『新版中国語考えるヒント』白帝社

王理嘉 2005「《汉语拼音方案》与世界汉语语音教学」《世界汉语教学》第2期

王占華・有働彰子 2003「"了"の使用における語用論的解釈－『た』との対照の視点から」『現代中国語研究』第5期

王占華・一木達彦・苞山武義 2004, 2006『中国語学概論』〔改訂版〕駿河台出版社

王占华 2011「"把"字句的项与成句和使用动因」《世界汉语教学》第2期

王占华 2015《语义蕴涵与句法结构及话语理解》朋友书店

吴丽君 2002《日本学生汉语习得偏误分析》中国社会科学出版社

章兼中 1983《国外外语教学法主要流派》华东师范大学出版社

张伯江 2000「论"把"字句的句式语义」《语言研究》总第38期

张黎 2012《汉语意合语法研究》白帝社

張麟声 2001『日本語教育のための誤用分析』スリーエーネットワーク出版

张敏 1998《认知语言学与汉语名词短语》北京中国社会科学出版社

周长银 2010「事件结构的语义和句法研究」《当代语言学》第1期

周小兵・朱其智 2006《对外汉语教学习得研究》北京大学出版社

周小兵 2014《对外汉语教学导论》商务印书馆

朱德熙 2010《语法分析讲稿》商务印书馆

朱庆明 2012《现代汉语实用语法分析（第2版）》（上、下）清华大学出版社

著者介绍

王占华

中国吉林省长春市人。曾任吉林大学讲师、大阪市立大学副教授，现任北九州市立大学教授。专业及学术研究兴趣为现代汉语语法、语义分析和话语理解、比较语用学、二语教学法。
著有《現代中国語研究論集》（共編 1999 中国書店）
《中国語学概論》（共著 2004、2006 駿河台出版社）
《中国語常用フレーズ辞典》（編 2006 光生館）
《语义蕴涵与句法结构及话语理解》（2015 朋友書店）等。

基于比较的 汉语教学法

2017年3月30日　第1刷発行　　　　定価 4,000円（税別）

著　　者　　王　　　占　　　华
発 行 者　　土　　江　　洋　　宇
発 行 所　　朋　　友　　書　　店
〒606-8311 京都市左京区吉田神楽岡町8
電 話（075）761-1285
FAX（075）761-8150
E-mail：hoyu@hoyubook.co.jp

印 刷 所　　株式会社 図書印刷 同 朋 舎

ISBN 978-4-89281-159-3 C3087 ¥4000E